U0136479

吃喝玩樂 在台酒

賞遊趣！

精釀台灣生活味的13間酒廠

/ CONTENTS /

台酒風華再現　再創百年經典

百年以來，台灣菸酒與台灣人的生活和情感便緊緊牽繫，不論是公賣局時期或是現在，台酒在國內菸酒市場扮演舉足輕重的角色外，多了一份難以言喻的溫暖。自從進入台酒後，我便深深感受這是台酒十分可貴的一面，也是我們期待努力的方向。

目前臺灣菸酒公司旗下有 9 間酒廠與 4 間啤酒廠，早期為了應付龐大需求量，以生產作為最大目標與使命，提供台灣人民各類平價、有保障的酒類。公賣局時期，為解決農作物產銷問題，台酒以保證價格收購台灣在地稻米、水果，並因此造就出蓬萊米釀啤酒的獨特香氣及豐富水果酒產品。

這百年的榮耀與風華，在歲月中流逝，為讓「老牌」菸酒公司年輕化，台酒打出「懷舊風」，特別請廠商復刻公賣時期的菸酒牌，白底紅藍字的「鐵牌子」是許多老一輩人的回憶，復古造型更打中時下年輕人喜愛的文青氣息。

除此之外，台酒啟動觀光酒廠風華再現計畫，第一期工程改造南投酒廠、埔里酒廠及烏日啤酒廠，期盼透過三大酒廠的升級將中部地區聯合打造為觀光重鎮。各廠大門敞開，與在地文化、

特產結合，為全台 13 間酒廠打造獨有特色，舒適的觀光休閒工廠成功蛻變。我們邀請消費者走進酒廠，深入了解酒類製造過程，讓民眾親眼看見並感受台酒令人驕傲的品質，以及那份為台灣付出的盡心盡力。

　　目前台酒正在進行風華再現計畫，並以南投酒廠打先鋒，打造出面積約 4 公頃的歐式風情國際級觀光酒廠園區，在擴大產能之餘，營造適合親子同遊的最佳場地，讓來訪民眾享受酒廠提供的優良環境及自在的生活空間。植基在歷史風華下迸放年輕創新的創意發想，以品牌化、可看性，以及獨有特色方式呈現在大眾面前，吸引民眾走進酒廠一探究竟。

　　透過本書，台灣菸酒誠摯邀請您和家人，走入這間饒富風味的百年酒廠，尋味生活記憶，感受全新風貌。

臺灣菸酒公司董事長

台灣菸酒　與時俱進

　　台灣自加入 WTO 後，台灣菸酒商品便面臨市場開放的激烈競爭，我們意識到，必須由「被動銷售」轉為「主動出擊」，因此，開始在商品研發上自我創新，也在行銷上積極出擊。

　　跨入新時代，台酒與時俱進，不僅注入創意、活力，並且順應消費者口味的改變研發新產品，除了維持以往老字號產品的品質，更砸下重本走高規格路線，提升酒類產品多元化，也善用發酵核心技術及製酒核心原料，開發各式餅乾、酒香泡麵、食品、年菜、無酒精啤酒及生技保健、保養產品，讓酒不再只是酒，而是成為全民生活不可或缺的美好。

　　酒香泡麵異軍突起，成為台灣人民無人不曉的黑馬，在泡麵市場大放異彩；而其他酒粕餅乾、紅麴香腸及酒粕面膜、易洗樂清潔用品等商品，也造成大批搶購風潮。近期討論度相當高的 Omar 威士忌、玉山高粱等酒品，都為每年國際酒類賽事的常勝軍，成功征服世界的品味。

　　百年老店每一樣產品的製造，都是來自台灣物產的厚實與豐饒，因此站在民生第一線，是台灣菸酒一本的初衷及堅持並提供民眾最佳品質的產品。而除了嚴格把關商品品質，台酒持續推動「觀光酒廠」的改造，不僅活化酒廠珍貴歷史，更期盼結合台灣在地特色，以嶄新的面貌吸引消費者的到來。

　　台酒各廠不僅擁有豐富多元的酒歷史，許多建物更是時代更迭下美麗的存留與紀錄；現在，臺灣菸酒公司旗下 13 間酒廠打開大門，讓所有人能一睹台酒精彩風華痕跡，在其中細細品味、探索，並在酒香中，看見台酒的與時俱進。

臺灣菸酒公司總經理

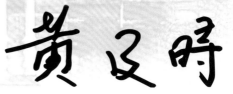

正港的台灣味

台灣味，在米其林指南來台後成為餐飲的主流，在西餐領域不斷地被重新翻出演繹，但台灣味的價值並不需要透過國際級主廚或品牌才能被彰顯，真正的台灣味就在我們的生活中，實際而平實，就像臺灣菸酒公司的酒款。

走訪幾間臺灣菸酒公司旗下的酒廠，我對平常幾乎沒有印象的酒廠完全改觀，這裡的酒款價格不高且常見，但卻經常默默的在國際獎項中奪牌，是被低估了真正價值的台灣好物產，正港的台灣味。

幾乎媲美公園綠地營造的桃園酒廠，櫻花季吸引不少旅客遠道而來，坐在櫻花林中賞櫻，喝瓶這裡生產且聞名全台的清酒，是我和家人經常的休憩活動，近幾年研發成功的台灣之美純米吟釀，據說讓前來酒廠參訪的日本酒造代表也驚艷，連開日式居酒屋的朋友心目中也留下了不錯的印象，勾起我品飲的興趣。實際品飲，撲鼻而來的花果吟釀香濃豔，散發出蘋果和水梨香甜，冰涼入口，成熟水果香甜味均勻擴散，結尾沒有讓人不悅的酒精苦澀味，的確是瓶討喜的清酒款。採訪時，如果可以隨身帶上一瓶，搭配小南亭香辣涮牛五花片，或者肥媽茶餐廳的起司滑雞煲飯等，應該吃喝會更完滿啊！

而民國 58 年次前的台灣人，所喝到的第一瓶啤酒一定是烏日啤酒廠所製造。這個位於烏日交流道附近的啤酒廠，每天業務量繁忙，大型聯結車忙進忙出，這裡產出的台灣啤酒濃厚有個性，是全台灣人的共同回憶。而後續研發出來的金牌啤酒，沁涼討喜的風味，不僅深受台灣人喜愛，同時也在國際競賽中展現名實相符的實力。爽口宜人的金牌啤酒不論是單獨大口暢飲，或是搭配台中在地知名的盛橋刈包或大啖鹹酥雞等飲用，都讓人暢快滿足。

即便我不大喝高粱酒，不過走訪嘉義酒廠時，廠區內獨有的深沉青梅香引人入勝，大量陶酒甕堆疊起「數大便是美」的風景，漫步細看其實韻味無窮，就像嘉義酒廠所生產的高粱酒一般，初飲時濃冽夠勁，可是散發出的濃厚酒香，卻深沉迷人，辣勁過後，甘醇濃郁的喉韻，反饋嘴中的清香，無論搭配鵝肉、滷味、快炒，也是天衣無縫。

幾趟酒廠之旅後，雖然有些人仍會認為外國的月亮比較圓，或有國外的洋酒比較高檔的迷思，但真正能夠代表台灣的酒，也僅有這個養成台灣飲酒文化的台灣菸酒足以擔當，試著走進酒廠，認識這百分百、正港的台灣味吧！

黃翎翔
蘋果日報外判記者，最愛吃麵包、甜點、日本料理、川菜等。美食採訪涉獵清酒、歐陸料理、台菜、中菜和甜點烘焙等。領有日本 SSI 國際喇酒師證照（第 218735 號），且研修甜點、麵包課程，如 Amaury Guichon、Yann Couvreur 等大師講堂。

帶著酒香的城市小旅行

三月初，小春日和的一天，帶著一顆悠閒自由的心情，前往位於八德路的台北啤酒工場探訪，並於周遭隨意散策一日遊。

坐捷運可以體會漫遊的樂趣，從忠孝新生站 4 號出口上來，沿途是台北科技大學蒼蓊的大樹林蔭，從下面走過份外泌涼愜意，沿著八德路前行約 10 多分鐘，已看見具有年代風華的台北啤酒工場就在對街，陽光下圍牆上的壁畫有種家鄉小學的趣味感，令人懷念。

建國南路一帶是較低矮的老建築，但古屋卻有種特有的歷史風味，光線透過建物柔和的反射，彷彿讓人也溫柔起來呢。走進百年酒廠，二棟日治時期建造的紅樓、青樓，陽光灑落於建築上的投影，更彷如置身日本鄉下釀酒大廠，歲月陳釀過的靜謐氛圍令人沉醉。

台北啤酒工場內獨有生產的小麥啤酒一直深受我先生喜愛，有著深沈麥香及隱約帶著果香、香料氣息和些微啤酒花的苦交織而成的圓潤風味，有別於一般啤酒的清澈，濃厚如蘋果汁般的金黃液體，時常讓他大讚台灣啤酒真好喝。遊逛完酒場後，步入販賣部，深陷販賣部各式台酒商品的 Grace，建議大家帶個挑夫或開車，才有辦法可以拿著伴手禮無憾地前往下一個行程哦！

接近午餐時分，慕名前往徐淮人家品嚐徐州菜，充滿了鄉土料理的豪氣，簡單的庶民食材與充分的辛香料讓菜餚道道濃香夠味，特別的羊蠍子鍋香辣有味，啃完後店家再下把麵線，成為浮著洋蔥辣油胡椒粒的湯麵線，唏哩呼嚕地連吞二碗才是過癮呀，我心想：如果再搭杯台啤，我應該會發出「啊～」的一聲，然後像日本旅遊節目主持人一樣說出那句經典台詞：生為台灣人（日本人），真好啊！

劉淑琪 Grace

二十多年的資深家庭主婦。目前居住在新北市新店區，以前曾是服裝設計師，遊走巴黎、紐約、米蘭、東京等時尚之都，現在則愛待在自己的廚房及餐廳。著有《Grace 的四季餐桌》一書。

　　酒廠另一頭是長安東路，路上有一家隱身於市區街廓中的樹火紀念紙博物館，從一樓販賣部開始，紙的無限可能就以種種詩意的方式呈現出來，Grace 喜歡融入了樹葉或花朵的手抄紙，可以觸摸到紙纖維的綿絮及植物們在製成後的另一種扁薄模樣，讓人不禁想慎重的在上面寫幾個好看的字。主題博物館小而美，為這趟小旅行畫下完美句點，再完美不過。

❶ 台北啤酒工場

❷ 桃園酒廠

❸ 竹南啤酒廠

❹ 台中酒廠

❺ 烏日啤酒廠

❻ 南投酒廠

❼ 埔里酒廠

❽ 嘉義酒廠

❾ 隆田酒廠

❿ 善化啤酒廠

⓫ 屏東酒廠

⓬ 宜蘭酒廠

⓭ 花蓮酒廠

台北 啤酒 工場

隱身在都市叢林間一隅的酒香處，
瀰漫著從日治時期到現今的時光流轉，
百年建物、一段又一段豐富的歷史文化痕跡，
道出了台灣啤酒的發展歷程，
也說出了隨著時代演進的無數光陰的故事。

歷史文化交輝映
百年啤酒工場變時尚

一個世紀,能帶來何種光陰流轉的風情?來建國北路與八德路附近的台北啤酒工場一遊,你不僅能夠在其深厚的歷史文化中感受到,也能在不斷創新求變的酒品中,暢飲歡樂。

在大台北都會區中,有道圍牆你不妨大膽走進去,因為圍牆的彼端正是從日治時代便開始的台灣啤酒發展起源,豐富的文化與建築在此流動、交織出時代的風味,探索這座啤酒工場的發展史,同時也能一窺台北市的發展脈絡。

歷史與建築　耐人尋味的文化

　　台北啤酒工場的前身為「日本高砂麥酒株式會社」,創立於 1919 年,是日治時期台灣唯一的啤酒工廠,也是台灣第一座啤酒廠。1975 年更名為「建國啤酒廠」,後又改為「台北啤酒工場」。

　　這座啤酒廠有許多「領先」,有台灣最早的托兒所和台灣第一支棒球隊。在那個戰後嬰兒潮的年代,托兒所讓女性員工安心工作,棒球隊則凝聚了員工的情感。這些文化軌跡,在你預約參觀台北啤酒工場進入園區之後,便會有專人為你導覽解說,你將走進歷史照片裡尋找前人蹤影的感動,也會看見台北啤酒工場周遭,如何平地高樓起,逐漸淹沒了酒廠的天際線……。一個個故事都說明了台北啤酒工場的過往光陰,也看見一個世紀的轉變。

壯觀巨大的儲酒槽,令人不禁屏息讚嘆。

站高一些，可以從後方看見紅樓綠樓斑駁外牆透出的光陰故事。

　　穿過文化歷史照片牆後，走入時光廊道，記得在當時的空照圖左方小小長廊，遙望高立的酒槽與天際線形成的獨特風景，並拍下環 360 度的照片，那裏訴說著「4 個角度 3 個時代」；事先申請還可以進入紅樓，看一看過去百年以來使用的釀酒器具。最後也別漏掉後方的紅樓與綠樓外觀，當光影駐足牆上，活脫就是訴說歲月風華的風景明信片一枚。

　　除了這兩棟深具特色的建築，台北啤酒工場還開放傳統發酵槽與早期

紅樓磚牆與木門，散發出濃濃的歷史味道。

歷史牆上訴說著此地的百年光陰。

19

台北啤酒工場

申請導覽可看到啤酒裝瓶過程。

造型色彩均美的銅鍋槽，是參觀遊客的打卡熱點。

鋁製的 300 公石酒桶，以及最吸睛的 4 座德國第三代銅鍋，讓人想像啤酒在其中形成的過程。目前全世界僅存約 10 座銅鍋，台北啤酒工場中就有 4 座德製銅鍋，過去用來生產，現在則已成為遊客觀賞的重頭戲。在銅鍋展示室中，還放置著啤酒花、小麥等等原料，供遊客開罐聞嗅其味。

告了接下來的精彩。從 super 346 右側走上生產線通道，隔著玻璃窗，啤酒工場短小精練的生產線就在眼前，感覺像是兒童火車玩具般的動線，充滿童趣且具可看性。無論是話題性十足的精釀啤酒、18 天生啤酒，或是台北 only 小麥啤酒香，彷彿都穿透過玻璃不斷向你襲來。

全方位透明生產線　一覽無遺

接著走過包裝區進入生產線遊賞路線時，請仔細將眼光跟隨導覽人員的指示，遠方一排排酒瓶的起落，預

松江便利店　完整產品任你買

至此，你大致已經參觀完畢，最後一站——松江便利店自然不可錯過。

台北啤酒工場有許多大門，但是要從八德路的門口進入喔！

買罐啤酒坐在松江便利店外的木桌椅暢飲，爽快有勁。

　　台北營業處松江便利商店，是全國台酒產品最齊全的地方，換句話說，除了台北啤酒工場生產的酒品外，你也可以買到其他酒廠所生產的產品，包括各式酒品、餅乾、生活用品等，是一個堪稱小而美的人氣採買據點。

　　採買過後，你也可以到店外的木桌椅區小憩片刻、爽快暢飲，享受新鮮的啤酒和美味的小點心。下一次當你想在都市裡尋覓一處可放鬆之地，歡迎來到台北啤酒工場，這裡有最新鮮的啤酒等著你。

INFO

台北啤酒工場

產品展售中心（松江便利店）

📍 台北市中山區八德路二段 85 號
📞 02-8772-4847*24
🕐 周一～周日 9:00 ～ 21:00

酒廠官網

廠區參觀導覽解說

🕐 周一～周五 9:00-16:00
📞 02-2771-9131*432
💲 成人票 100 元、學生票 (18 歲以下)50 元，可抵當日消費。

酒的
故事

小麥啤酒
科技人酷愛

出自台北啤酒工場的酒品多了時尚與潮流的城市感，小小的生產線，不僅產出了 18 天生啤酒、台北 only 小麥啤酒，還有超吸睛一組 6 瓶的精釀啤酒，以及百年紀念款精釀啤酒，款款獨特人氣飆漲。

小麥啤酒（台北限定）(0.6L / 5%)

2014 年台北啤酒工場推出小麥啤酒，是以德國 weissbier 為師，嚴選優質麥芽、德國之頂部酵母（Ale Yeast），依循傳統釀造精神釀造而成；且考量到德國氣候涼爽，小麥啤酒喝來較清爽，但在炎熱的台灣喝起來還是略嫌厚重，因此調整了配方口味，打造出更清淡爽口，但仍保留應有的香氣和口感的小麥啤酒，瓶身上面有著『weissbier』的字樣，正是標明了它的身分類別。

高溫發酵令小麥啤酒產生果味酯、酚類，使得啤酒帶有（香蕉）果香味及丁香；頂部發酵的釀造法則讓此款酒口感比較低苦味、清爽且有香料氣息；搭配各種食物都能引出各具特色的食物風味。

一支啤酒可以創造「清爽澄澈、圓潤回韻」雙重獨特口感，正是台北限定小麥啤酒的特色。為保留口感，不過濾，泡沫

禁 止 酒 駕 酒 後

豐富細緻，入口柔順；含豐富酵母及蛋白質，使得沉澱屬自然現象。建議你，倒進透明玻璃杯中，先享受上層較澄清部分的清爽口感，再以劃圈方式輕輕搖勻，使沉澱的酵母、蛋白質與啤酒混合均勻，此時那猶如養樂多般雲霧混濁狀的小麥啤酒，口感更圓潤，酒體更飽滿，酵母菌也更豐富而活躍。

特色好物

精釀啤酒
（限量販售）

「北啤」
Taipei Blonde Ale
味道清爽，聞起來有股米香味，氣泡感與苦度較低，多了果香味，清爽易飲，無負擔。(0.33L /4.5%)

「白色森林」
German Wheat Beer
德式小麥啤酒，有煙燻味，口感較甜且帶點鹹味，適合配生火腿、熱炒。(0.33L /5%)

「桂花雨」
Osmanthus Herb Beer
口感柔順，台灣在地桂花的味道在尾韻時才會出現，是苦味低、清爽的餐酒。(0.33L / 4.5%)

「通靈少女」
Irish Red Beer
台灣比較少見的啤酒類型，香氣層次豐富，麥芽感濃厚，有明顯的焦糖、烤麵包味。(0.33L / 5%)

「東倒西歪」
Oatmeal Stout
有明顯的穀類香氣與咖啡烘焙味，加了燕麥，口感較綿密滑順，也有咖啡的苦味和帶煙燻感的龍眼乾果香。(0.33L / 6.5%)

「重裝騎士」
American IPA
帶點焦糖、丁香味和麥芽味，尾韻有啤酒花的草本和柑橘果香味。(0.33L / 5%)

百年高砂啤酒（限量販售）
復刻百年前的高砂啤酒，全麥芽配方完美重現高砂麥酒時期之啤酒風味特性，甜而不膩的焦甜味，平衡了微苦的酒體。(0.33L / 4.5%)

不 開 車　安 全 有 保 障

繞著酒廠找樂子

漫步城市輕旅遊
在都市中心尋覓好光景

位在都市中的台北啤酒工場，適合以步行方式探索，不論是老字號餐廳，或隱身在住宅區中的甜點店，亦或是各種主題博物館，台北街頭四處皆風景，穿梭在巷弄中，走出自己的台北味。

位於
酒廠內

Super 346 啤酒文創館
打開你的下班魂

位在酒廠內的 Super 346 以高檔熱炒餐廳成功讓年輕人一試成主顧，不只餐點 CP 值超高，適合多人分食，更有 Live Band 樂團表演，成為年輕人下班後聚會的最佳選擇。

台酒豬腳盤特別使用屏東酒廠出產的德式豬腳，下鍋後外皮酥脆，肉質軟嫩略有口感，搭配黃芥末與德國酸菜，大口咬下相當滿足。紹興酒蝦鮮嫩 Q 彈，新鮮白蝦川燙過後浸泡醬汁 1 日，酒香與中藥入味融合，溫和養生，配上生啤酒，一絕！

紹興酒蝦搭配
18 天生啤酒，
絕配！

黑胡椒骰子牛
選用上等無骨
牛小排，油花均
勻分布，一口咬下
肉汁噴出，超美味。

Super 346 啤酒文創館

📍 台北市中山區松江路 25 巷 40 號

📞 02-2517-5777

🕐 16:30 ～ 22:00（周二、三、日）
16:30 ～ 23:00（周四～六）

休 周一休

步行約
4 分鐘

田園海鮮
扎實功夫飄遠香

蜜汁排骨鹹甜
滋味，是小朋
友的最愛。

　　標榜「尚青」海鮮的田園海鮮，以老字號
功夫菜吸引各方饕客，老闆說只要吃過田園的菜，
一定會再訪，而絡繹不絕的顧客是最佳證明。

　　紅燒鰻選用野生白鰻，以紅麴醃漬兩周後再大火油炸，端上桌
香氣四溢，大口咬下，外酥內嫩，紅麴香氣溫和回味，魚肉口感細
緻，回味無窮。另一道蜜汁排骨更是來訪客人必點菜餚，焦糖色澤
鮮豔可口，配上酥脆油條及鮮甜黑棗，層次豐富滋味甜美。

龍蝦三明治外皮
酥脆，香味濃郁。

田園海鮮餐廳
- 📍 台北市中山區八德路二段 174 巷 5 號
- 📞 02-2781-5137
- 🕐 11:30 ～ 14:00；17:30 ～ 22:00

紅燒鰻香氣四溢，
是老饕必點菜色。

袖珍博物館
- 📍 台北市中山區建國北路一段 96 號
- 📞 02-2515-0583
- 🕐 10:00 ～ 18:00
- 休 周一休

步行約
7 分鐘

袖珍博物館
化身迷你小人物

　　相信許多台北人也不大認識這個神秘
空間，但其實袖珍博物館成立於 1997 年，
是亞洲第一個袖珍藝術品博物館，館內收
藏兩百多件袖珍作品，大多為等比例縮小
版模型屋，其中館內珍藏的「美國加州玫
瑰豪宅」建築尺寸比真人還龐大，但內部
精細，模型細膩、精緻，令人不禁遙想美
國比佛利山莊的豪宅也是如此
吧！館內作品豐富多樣，精密
程度彷彿走入縮小世界般。

「英國皇家閱兵大典」中的小小兵可
是有 680 多個。

步行約
8分鐘

樹火紀念紙博物館
一覽傳統造紙技術

以推動紙教育而誕生的樹火博物館，有感古老造紙技術的重要性，力推手工紙的淵源歷史及意義。

一樓的商品販賣區販售各式紙藝品，一旁更有等比例縮小的造紙器具，每周六固定有老師教學導覽，讓民眾親眼看見傳統紙漿成型過程。二、三樓展區邀請紙界大師，展示不同樣貌的紙藝術，而最受歡迎的無非是四樓 DIY 空間，讓民眾體驗手工紙製造過程，做出一張專屬自己的手工紙，趣味十足。

民眾可從 DIY 製紙過程中了解紙文化。

樹火紀念紙博物館

- 📍 台北市中山區長安東路二段 68 號
- 📞 02-2507-5535
- 🕐 9:30 ～ 16:30
- 休 周日休

步行約
11分鐘

徐淮人家
獨一無二北方菜餚

自徐州來台的老闆娘，將記憶中的好味道透過巧思，並配合台灣人不嗜吃辣的習慣，改良出獨有的徐州料埋。招牌羊蠍子是必點佳餚，選用澳洲羊脊椎，以陳年老鍋底爆炒，腥羶味全無，香濃辛香料配上軟嫩肉質，微微辛口，多種中藥材融合，層次豐富，成功擄獲愛吃辣的饕客。另一道桌上少不了的地鍋雞，特別以幼雞大腿肉及翅膀小火翻炒，雞肉香味結合蘿蔔鮮甜味，湯頭濃郁回甘。

滿滿徐州菜是老闆娘的獨創菜餚。

徐淮人家

- 📍 台北市中山區遼寧街 45 巷 2 號
- 📞 02-2751-4325
- 🕐 11:00 ～ 14:00；17:00 ～ 22:00

園區內不定時舉辦許多藝文展覽。

 步行約 11 分鐘

華山 1914 文創園區
走進文青地

　　曾為台北啤酒工場舊廠所在地的華山，現今成為文創發展聚落，透過將創意產業引入空間，成就大型藝文活動多於此展演、典雅餐廳林立，許多民眾喜於假日悠閒時刻，將身心沉浸華山文青世界，或躺在草皮上任由陽光灑落，或走入期待已久的攝影展，或是與三五好友閒晃寬廣園區，亦或者與一部好電影相遇，華山成為台北人生活中的重要地景。

華山 1914 文化創意產業園區

⊙ 台北市中正區八德路一段 1 號

🕐 全日開放

大安森林公園
寬廣綠地遛寵物遛孩子

車行約
4 分鐘

大安森林公園有「台北市之肺」的美稱，占地寬廣，為市中心少見的都會公園，園內環繞繽紛色彩的花卉，並設有生態池、溜冰場等豐富場域，適合大小朋友共同漫步，樹叢中更可見松鼠自不同樹幹中呼嘯而過。大安森林公園不只適合休憩散心，更是許多家庭遛毛小孩或小朋友的最佳場地，不論晝夜，總能見到悠然自得的民眾在此享受都市芬多精的沐浴。

大安森林公園

📍 台北市大安區新生南路二段 1 號

🕐 全日開放

麓鳩 Aruchuu
簡約質感咖啡廳

車行約
6 分鐘

藏身於民宅區的麓鳩，以純手工甜品打響名聲，店內經典野莓起司蛋糕使用季節莓果熬煮果醬，濃郁起司香氣配上莓果酸甜味，口感軟綿滑順神似布丁，下層餅乾基底選用原味與全麥蘇打餅，鹹甜滋味完美融合。另一項招牌飲品—白桃葡萄柚氣泡飲，特別選用進口白桃果泥，老闆強調新鮮水果才能激發出最自然的香甜味，搭配在地葡萄柚，清新又涼爽。

麓鳩 Aruchuu

📍 台北市松山區光復南路 32 巷 18 號

📞 02-2577-3218

🕐 13:00 ～ 23:00

建國高架道路

長安東路二段

八德路

TTL

市民大道

金山北路

光復南路

台北啤酒工場 周邊景點地圖

信義路三段

1 台北啤酒工場　　　2 田園海鮮餐廳

3 徐淮人家　　　　　4 Super346啤酒文創館

5 麓鳩Aruchuu　　　6 袖珍博物館

7 樹火紀念紙博物館　8 華山1914文創園區

9 大安森林公園

桃園 酒廠

綠樹林蔭遍佈，
猶如公園般的酒廠裡，
春天盛開的櫻花與清酒的釀製，
還有廠區正中央懸吊著的日式杉玉以及迷你鳥居，
充分定調出這裡酒如美景般的浪漫底蘊，
提供了最極致的體驗感受。

櫻花秘境
品味台灣清酒味

每到 3、4 月，桃園酒廠內就有大片盛開的櫻花林，與園區內的綠樹林蔭錯落並置，落英繽紛，一路延伸到產品推廣中心，櫻花林下設置的座位區不少遊客逗留，小孩們光是拿著飼料餵著魚池裡的各色鯉魚，就可以興奮好一陣子。

站在桃園酒廠前，超大型的 TTL 正紅色裝置招牌大喇喇的立於大門正中央，門口左側矗立著大型的玉泉清酒瓶和歡迎光臨的裝置藝術，開宗明義地說明桃園酒廠和其他酒廠不同的是專精於清酒的釀製，而步入酒廠後才發現，整個園區廠房規畫就如同公園一般，綠樹植栽遍佈，隨著季節可以欣賞不同的花樹美景。

一進到展售中心，舊時製酒過程的模型映入眼簾，相當逼真。

春季賞櫻　漫步野餐

最受遊客歡迎的季節是 3、4 月，一路從門口延伸到產品推廣中心的數十株台灣山櫻花夾道盛開，花顏嬌俏艷麗，大聲宣告著春天正式來臨。抬起頭，透過山櫻花的枝芽與花苞望出去，天空和廠房瞬間美化成一幅粉彩畫，心情也跟著飛揚。酒廠在櫻花、綠樹下貼心設計了座位區，不少遊客落坐聽音樂，或吃著剛買到的酒廠冰棒、餅乾就地野餐，十分愜意。

大人漫步在樹林花叢間，小孩也不無聊，在日式風格的外賣區可以買到魚飼料，產品推廣中心出入口內外都有專人養殖的鯉魚池，魚身顏色斑斕不一在水中優游，水池旁，小孩則爭相餵食魚飼料，隨著鯉魚張嘴開合搶食魚飼料，小孩的興奮之聲此起彼落，成了一幅歡樂情景。

桃園酒廠一到春季櫻花遍開，搭配日式元素，極有意境。

但是，即便過了櫻花季，園區裡依然有各色不知名的果樹、花木、植栽，隨著季節的變化，花開花落，若有閒情，可以騎乘著腳踏車閒晃，一賞這四季姿態萬千的風情。

全台唯一清酒館
感官體驗最極致

　　大片的植栽森林是桃園酒廠的特色，不少家庭或遊客在此取景拍照，花美人也顯得嬌俏，但想要一探桃園酒廠之所以能夠掀起幾年前的酒粕面膜搶購風潮，就得到產品推廣中心內的清酒館方能找到答案。從等比例縮放的清酒模型和實際聞香清酒每個製程的風味變換，才明白原來桃園酒廠是全台唯一生產日式清酒的釀酒廠，而酒粕面膜正是清酒的剩餘產物再利用，為了讓台灣米可以完全無浪費的

日本以杉木製成的杉玉轉變為褐黃時，代表當年度釀製的清酒已經完成。

使用，才會衍生一系列好吃的酒粕米果、杏仁餅等。

　　整個產品推廣中心，為了符合清酒的形象，裝潢也帶些日式風格，精緻日式窗櫺、屋簷不僅讓人身處在日式氛圍中，只要慎選拍照角度留影，就可以讓你有一秒瞬間到日本之感，另外園區內也有不少品酒或 DIY 課程，可以透過團體預約體驗。

　　若對台灣古董有興趣，也可以走逛桃園酒廠放置早期使用之陶酒甕的博物館，雖然一般人覺得這些老舊甚至補釘的陶酒甕不值一顧，不過對古董收藏控來說，這些已經停產的陶酒甕工藝不復存在，在古董市場已飆至萬元之數，是可遇而不可求的珍品。

　　想要實際了解清酒的生產流程，更可透過團體預約，走逛製麴、精米大樓，一窺其中奧妙。

庭院好休憩　沉醉日式風情中

　　出了產品推廣中心，中庭院子裡設有錦鯉魚池、紅色鳥居等日式庭園造型，每年 4 月，這裡最大株的櫻花樹也固定綻放，不妨在此品飲清酒，

展售中心以日式建築裝飾，逛起來別有意味。

享受類日本的櫻花季氛圍。另外，側邊的酒銀行裡有很多知名陶藝家設計的鎏金手繪高粱酒瓶值得一看，也可以買下一甕至少 5 公升的陶甕高粱，寄放在酒窖內，一甕一甕堆放起來成了另一幅人間好風景。

離開前，記得帶瓶清酒，不論是哪種等級，品質都不遜日本清酒，但價格卻相對平易近人。

INFO 桃園酒廠

產品推廣中心

- 📍 桃園市龜山區文化一路 55 號
- 📞 03-328-3001*380、407
- 🕐 周一～周日 9:30 ～ 17:00

酒廠官網

廠區參觀導覽解說

- 🕐 周一～周五 9:30 ～ 15:30
- 💲 工廠導覽：成人抵用券票 100 元、高中以下學生（18 歲以下）抵用券 50 元，可抵當日消費。（10 人以上報名才接受導覽預約）

DIY 體驗

鹽麴、手工皂 DIY 課程須提前預約，滿 10 人以上方可受理。

- 💲 每人 180 元。

玉泉台灣之美純米吟釀
日本職人也信服的滋味

日式居酒屋店主都稱讚的玉泉台灣之美純米吟釀，美味程度是所有等級的玉泉清酒之冠，讓日本酒造也信服台灣釀製清酒的技術，是不少清酒控戲稱「若來桃園酒廠卻沒買等於白來」的酒款。

玉泉台灣之美純米吟釀的外包裝設計不僅頗有日本清酒之風，就連風味也受到來酒廠參觀的日本酒造職人稱讚——「沒想到台灣也能釀造出這麼好喝的清酒」，所以來到桃園酒廠，不少清酒愛好者都知道帶上一支台灣之美，價格品質是連日本人都掛保證的。

能獲得日本職人如此讚嘆，在於台灣不像日本擁有絕佳乾淨的水質，且台灣米種比較單一，不似日本因釀酒歷史悠久，而有適合釀製清酒的酒造好適米和各種專業酵母可選擇，所以，在先天環境失調下，卻能釀造出台灣之美，怪不得日本職人直呼不可思議。

至於玉泉台灣之美純米吟釀的精米程度又更高了，磨去了外表的 4 成，僅留中心 6 成的蓬萊米心純米釀造，並且選用芳香型酵母，以更低溫長時間釀造，因此不僅開瓶後就可以聞到濃厚的水果花香，入口後豐盈的酒體洋溢米甜和細緻果味，可是結尾卻乾淨俐落，清晰的風味和酒體在清酒控心中留下美名。

玉泉台灣之美純米吟釀清酒
(1.8L / 15%)

禁 止 酒 駕 酒 後

所以，在沒有喝過玉泉台灣之美純米吟釀之前，可別再說台灣沒有好喝的清酒了。

除了釀製清酒之外，就連榨乾酒汁的酒粕也不浪費，不僅製作出紅極一時的酒粕面膜，造成搶購風潮外，近來利用酒粕製作的台酒清酒粕杏仁餅禮盒和酒粕五穀杏仁棒也深獲不少好評，老少咸宜。

特色好物

菊富士生貯藏清酒禮盒

桃園酒廠與日本盛株式會社在 2015 年攜手合作的產品，同樣的米種和 7 成的精米度，不經過加熱殺菌，就以低溫（0℃～ 4℃）生酒貯藏熟成，裝瓶前再殺菌包裝，米香濃郁，有哈密瓜果香，可冰飲也可溫熱。(0.5L*2 / 13%)

玉泉極品紅麴葡萄酒禮盒

以高抗氧化的紅麴和國外卡本內蘇維翁葡萄、葡萄籽粹取物釀造，但釀造時間更長，香氣飄逸著天然果實香味。(0.75L*2 / 10.5%)

台酒清酒粕玄米菓 - 辣味

採用天然清酒粕與玄米粉等健康食材，製成香辣不嗆、鬆脆可口的玄米果，雪白糖衣襯托點綴，鹹甜交織，成為桌上零嘴好選擇。(150g*6 包)

台酒清酒粕杏仁餅禮盒

混合杏仁果、椰子油、杏仁粉、蓬萊米、清酒粕等製成，清脆甘甜不油膩，還可以吃到杏仁顆粒的口感，尾韻有淡淡的清酒粕香氣。(22g*18 入)

不 開 車　安 全 有 保 障

繞著酒廠找樂子

白鵝綠湖好休憩
大啖中港日特色餐

位於桃園市龜山區的桃園酒廠，鄰近林口，與大台北生活圈相去不遠，飲食、觀光的發展時髦與傳統兼具，逛完酒廠後驅車尋訪周遭，車程 5 ～ 30 分鐘之內，既有自然美景，又有日式定食、港式餐點和時興的蒸汽火鍋餐廳。

車行約
3 分鐘

小南亭
堅持用礦泉水煮白飯

　　小南亭以日式餐點為主，強調使用新鮮食材，店內也不強調熬湯，直接以食材烹煮出原味，就連米飯，都是用礦泉水煮的。老闆只賣自己也吃的料理，雖然擺盤不及大餐廳，風味卻極佳，比如香辣涮牛五花片日式咖哩蛋包飯，咖哩醬偏向日式黑咖哩，並以馬鈴薯取代澱粉增加稠度，辛香味明顯卻不辣，覆蓋飯上的蛋包滑嫩和咖哩飯很合。另外招牌蛤蜊王麵放了足足半斤的蛤蜊，鮮度十足。

香辣涮牛五花片日式咖哩蛋包飯，咖哩醬是黑咖哩風格，有加入牛絞肉烹煮，醬香濃郁。

小南亭

📍 桃園市龜山區復興三路 27 號

📞 03-396-1858

🕐 11:30 ～ 14:00；17:30 ～ 21:00
每人最低消 150 元

蛤蜊王麵加了足足半斤的蛤蜊，湯頭鮮美。

蒸翻天海鮮蒸氣火鍋餐廳
蒸氣火鍋一鍋 3 吃

車行約 9 分鐘

蒸翻天海鮮蒸氣火鍋強調新鮮原味，店內海鮮品項眾多，包含龍蝦、蝦子、貝類，甚至進口高價蟹類等。蒸煮仰賴可層層疊疊蒸煮的鍋具，但店員建議分層分次蒸煮，風味最佳。雖然標榜高價海鮮，也有價格公道的基本鍋，可吃到活跳蝦、鮮貝、中卷等，底鍋擺放以大骨蔬菜熬煮的高湯，蒸熟的蔬菜海鮮湯汁回流底鍋，先吃食材，底鍋高湯可變火鍋，吃完火鍋後還可加飯煮粥。店內還有燒烤菜色，可搭配火鍋食用。

蒸翻天海鮮蒸氣火鍋餐廳

📍 新北市林口區仁愛路二段 155 號

📞 02-2601-1151

🕐 11:00～14:00；17:00～22:00

1. 烤花枝漿外表酥香，花枝漿吃得到塊狀口感。
2. 一口豪飲生蠔加入了芥末和蘿蔔泥，吃來海味濃卻不腥。
3. 升堂紅蝦僅以鹽調味，可以吃到Q彈肉質和鮮度。

國立體育大學
志清湖畔鴨鵝優游

車行約 10 分鐘

國立體育大學內遍植的綠意和維護良好的綠地頗似精心維護的高爾夫球場，其中志清湖是居民假日遛狗、野餐的好去處，天氣好時，藍天白雲與湖景相映成趣，彷彿身處仙境。躺在綠油油的草地上小憩，和煦暖陽拂面暖身也是一大享受。

志清湖湖面並不大，湖面上成群優游的天鵝、鴨子，經常上岸四處閒晃，毫不怕生。鴿子多聚集湖岸邊，數量甚多，身處人群中仍一派神情悠哉，完全展現出志清湖的優閒。

志清湖

📍 桃園市龜山區文化一路 250 號 (國立體育大學內)

🕐 全日開放

車行約
10 分鐘

肥媽茶餐廳
庶民港點煲仔飯惹味飽足

在林口頗具有知名度的肥媽茶餐廳，供應點心、飯、麵、粥等，還設有專屬飲料吧，販售各種港式特色飲料。主廚來自早期以料理聞名的中泰賓館，從不少手工老菜可見其功力。比如現已少人製作的紙包雞，以手工包紙的方式包裹醃漬過的切塊雞腿和洋蔥等，下鍋油炸，看不見也無法測試食材生熟度，考驗

起司滑雞煲飯賣相可口，雞肉嫩起司香，吃起來非常飽足。

師傅掌控火候的功力。店內的飯類也從傳統中創新，黯然銷魂飯、起司滑雞飯、薑絲魚片粥等，賣相與風味兼具。

豐富港點選項，也是肥媽茶餐廳的招牌。

紙包雞肉質滑嫩，甜甜辣辣的很開胃。

肥媽茶餐廳

- 📍 桃園市文化三路一段 621 之 1 號
- 📞 02-2608-2710
- 🕐 11:00 ～ 14:00；17:00 ～ 20:00

車行約
13 分鐘

阿地桑豆花
大碗冰品好超值

阿地桑是老街上知名店鋪，夏天主推冰品，冬天以燒仙草、熱甜湯為主，店鋪不大，牆面則堆疊裝飾著滿滿的鮮奶罐，不細看還以為是貼了壁紙，原來店鋪內本有販售撞奶，老闆把當時用完的牛奶罐直接黏貼在牆上，成了另一面風景。

這裡的湯料大都自己烹煮，尤其是花生、芋頭、

阿地桑豆花

- 📍 新北市林口區中正路 138 號
- 📞 02-8601-1400
- 🕐 11:00 ～ 22:00

湯圓等，店內招牌是豆花，推薦點綜合豆花，搭配芋頭、花生、紅豆，一次嚐盡招牌風味，給料豐富不小氣，可以吃得非常飽足。

綜合豆花豆花滑嫩，芋頭綿軟可口。

車行約
16分鐘

龜山眷村故事館
看回憶聽故事

館內保有早期家中的懷舊擺設。

龜山眷村故事館

📍 桃園市龜山區光峰路 43 號

📞 03-329-6662

🕐 10:00 ～ 18:00

休 周一、二休

眷村故事館早期為龜山區陸光三村自治會辦公室，現今是在地居民情感交流的重地，充滿回憶與故事的樸實建物是陸光三村改建後唯一保留的老眷村建築，呈現出 50、60 年代的眷村生活風情。

館內免費參觀，更有導覽人員講解當時生活的歷史故事，許多古早味的小物擺放於各處，珍貴的歷史透過照片及語音傳遞，令來訪的客人彷彿走進時光隧道般，一步一步地回到眷村年代，細細品味當時的生活。

車行約
20 分鐘

奧爾森林學堂
乘涼閱讀好所在

藏身於虎頭山公園裡的奧爾森林學堂是園內新建設施，貓頭鷹造型現身各處，其中最令小朋友喜愛的樹屋令人想起《湯姆歷險記》中哈克的樹屋，充滿故事趣味的

奧爾森林學堂

📍 桃園市桃園市公園路 42 號（虎頭山公園內）

🕐 全日開放

設施深受喜愛。周末時樹屋還特別設有說故事時間，也提供許多適合孩童閱讀的童話故事繪本，悶熱的夏天孩子們最愛躲在樹屋內乘涼、閱讀。

占地寬廣的園區被樹木籠罩，刺眼的陽光被葉片遮蔽，園內許多步道寬敞又平坦，假日全家來此放風，再適合不過。

車行約
26 分鐘

林口水牛坑
荒漠越野好秘境

在有「台版大峽谷」之稱的水牛坑可遠眺大片海景，下午時分還可見牛羊在周圍休息漫步，愜意氣氛吸引眾多人潮。從山坡至高點向下望，可一飽大峽谷全景。而眼前看似大自然鬼斧神工之作的高牆，原先竟是為了擋住盜採砂石者的違法行徑所打造出的地景，獨特外觀成為觀光勝地。假日時還可見到越野車在壯闊的峽谷中，相互切磋技術，身處自然美景，眼見精彩越野技術，多了份遊走山海間的獨特。

林口水牛坑

📍 新北市林口區西部濱海公路 625 號

🕐 全日開放

桃園酒廠周邊景點地圖

西部濱跨快速公路
⑨
寶林路
山林路
③
④
⑤
園道一號
①
②
TTL
中山高速公路
小南亭
⑥
⑦ 虎頭山公園
⑧

① 桃園酒廠　　② 小南亭
③ 肥媽茶餐廳　　④ 蒸翻天海鮮蒸氣火鍋餐廳
⑤ 阿地桑豆花　　⑥ 國立體育大學志清湖
⑦ 奧爾森林學堂　　⑧ 龜山眷村故事館
⑨ 林口水牛坑

43

竹南啤酒廠

巨人般的啤酒罐列隊歡迎，
打定主意要讓旅人在童趣率真與歷史痕跡中流連忘返。
踏進東南亞最大的啤酒廠，
在麥芽香味中一覽啤酒製作流程，
並享受沁涼啤酒的滋味。

彷彿置身小人國
巨型酒罐歡迎你

暢飲啤酒的熱情豪邁和清爽順口感，在竹南啤酒廠的外觀最能直接感受到。彷彿一支堅實精兵隊伍的巨大彩繪啤酒罐，有歷史的痕跡，也有童趣的率真，更大方地向你宣示著：這裡生產著最好喝的啤酒，歡迎參觀。

竹南啤酒廠位於苗栗縣竹南鎮，1988 年啟用，是台灣所有啤酒廠中面積最廣、設備最新，更是全東南亞產量第一的啤酒廠，廣大的建地，足足有 40 甲之大。竹南廠以永和山水庫天然純淨的山泉水，浸泡大麥芽和蓬萊米，佐以精緻啤酒花，低溫發酵釀製成新鮮純正的台灣啤酒。

巨型啤酒罐　列隊歡迎

走進竹南啤酒廠，遼闊廠區裡大片綠油油的草皮就在眼前，酒廠開幕落成當天，特地請來本土天王伍佰在這片草坪上開唱，上萬人一起湧進竹南啤酒廠，為這個壯闊的廠區拉開序幕。在草坪邊，一排 5 罐高達 5 層樓

走進竹南啤酒廠，第一個感受到的便是壯闊的廠區，光是走完廠區就需要 1 小時。

看似是巨型酒罐，其實是發酵槽，趣味十足。

禁 止 酒 駕 酒 後 不 開 車 　 安 全 有 保 障

高的各式彩繪啤酒罐，其實是啤酒釀酒槽。竹南啤酒廠將原先銀灰色的釀酒槽塗抹上鮮豔的色彩，繪製成 5 罐特大號啤酒罐，與一旁長槍式的煙囪和巨大 18 天生啤酒罐，形成一列雄糾糾氣昂昂的隊伍，成為最新的熱門打卡點。

在草原前方，利用前後遠近的錯位，就可以拍出彷彿拿著後方啤酒罐暢飲的畫面喔！這支巨大的 18 天台灣生啤酒瓶，身穿清涼有勁的鮮綠外裝，輝映藍天綠地。它是由老舊煙囪改造

而成，原先已是佈滿鐵銹的退役煙囪，彩繪後變成巨大的生啤酒瓶，令人一見就不由自主連想起生啤酒新鮮清爽的口感，忍不住想立刻喝上一瓶消消暑氣。

草皮左方是貼滿清涼台啤圖片的糖化大樓，猶如冰鎮火紅烈陽下燥熱的利器。大樓側面彩繪著一條條七彩的顏色，猶如彩虹滑入綻藍的天際。衷心建議預先報名參觀導覽行程，一覽啤酒生產線上的完整流程，從糖化槽、煮沸釜、過濾槽、發酵槽，到最

後的包裝工廠生產線，相較於其他啤酒廠，竹南啤酒廠各階段的巨大規模，絕對讓你嘆為觀止。

包裝生產線上，大量的酒瓶、酒罐在自動輸送帶上滾動的畫面，霸氣地宣告：數大就是美，偌大的廠房也因為自動化生產的關係，現場人力變得精簡，多是透過電腦監控的方式，由中央監控整個流程的運作與安全。

台式食物的最佳良伴

參觀完令人驚嘆的生產線，再走入啤酒文物館，了解台灣啤酒廠建廠和發展的過程，以及德國的啤酒文化、慕尼黑啤酒節的由來，你會知道人類第一杯啤酒是在 4600 年前由蘇美人釀造出來的。文物館中也收藏了來自世界各地不同啤酒商所生產的啤酒杯墊，各種別具特色的設計，是會讓人眼睛一亮的珍貴收藏。而後再來到產品推廣中心，免費品嚐啤酒，那新鮮

沁涼會讓你了解，無論在熱炒店、燒烤或海產店，台灣啤酒都不可或缺的原因。

　　走出啤酒文物館，在由退休的生啤酒桶改造而成的座椅上休息一下，它們都是來自啤酒廠員工們的豐富創意，酒桶圓肚上的兩條黑色腰帶，是用來運輸時方便運輸人員滾動酒桶的，腰帶斑駁的裂痕，似乎訴說著昔日生啤酒桶輝煌的歷史，也讓人不禁回憶起吆喝勸酒聲中的歡聚時光。

INFO

竹南啤酒廠
產品推廣中心
📍 苗栗縣竹南鎮和興路 345 號
📞 037-583-001*717
🕐 周一～周日 9:00 ～ 17:00

酒廠官網

廠區參觀導覽解說
🕐 周一～周五 9:00 ～ 16:00
📞 請於 7 天前電話預約

竹南啤酒廠的生產線規劃了完整的參觀路線，讓遊客能夠看到其規模與過程的嚴格管控。

49

最接地氣的台灣啤酒 「有青才敢大聲！」

「有青才敢大聲！」這句熟悉的台灣啤酒廣告台詞，搭配上本土天王伍佰那濃濃、地道的台語「氣口」，將台灣啤酒的經典形象深深刻印在人們腦海中。新鮮！清涼！就等同於台灣啤酒！

經典台灣啤酒 (0.6L /4.5%)

經典台灣啤酒與金牌台灣啤酒，是陪伴台灣人生活相當重要的庶民飲料，甚至許多外國人來到台灣都愛上了這個台灣味。

1919 年日本人在台北成立了「高砂麥酒株式會社」，生產出第一批高砂麥酒，也就是經典台灣啤酒的前身。隨著台灣人逐漸受到西方口味影響，啤酒開始受到大眾喜愛，台灣民眾對啤酒的需求量大幅提升，經典啤酒魅力風靡全台，在當時手裡拿著一罐經典啤酒，可是最潮的姿態呢！從 1978 年開始，經典台灣啤酒參加世界啤酒比賽皆屢獲好評，連續幾年拿下金獎，堪稱為經典的台灣之光。

使用優質進口大麥芽、特選蓬萊米及芳香型、苦味型啤酒花精釀，經典台灣啤酒為歐洲傳統口味醇厚型啤酒，保

禁 止 酒 駕 酒 後

留濃厚的麥香與爽口的啤酒花香味,新鮮、純正、爽口!

　甘醇正是特色,因選用苦味型啤酒花釀製,清爽的啤酒花香味略帶苦味,但蓬萊米微微米香,降低乾澀口感,取而代之的是溫順香味、甘鮮清甜作為收尾。濃郁的啤酒麥香,是最純正的台灣啤酒味,許多粉絲熱愛它帶有些許苦味的口感,回甘的感受,像極了許多台灣人的生命歷程。

特色好物

啤酒酵母-β聚葡萄糖
由竹南啤酒廠自行生產之啤酒酵母萃取出β-聚葡萄糖,不含人工添加物,安全品質可靠,更榮獲健康食品認證可調節免疫,為健康把關。(30粒)

台啤酵母錠
啤酒酵母在啤酒發酵液中自然成長,充分吸收麥汁最營養的部分,為「天然的綜合維生素」,搭配麥麴及乳酸菌,同時具有營養補充、幫助維持消化道機能、改變細菌叢生態多重效果。(360錠)

台酒紅麴海苔米香禮盒
紅麴海苔米香添加天然養生紅麴,精製出「鹹、香、脆、甜」新鮮口感,無添加任何人工色素及防腐劑,是午茶點心及年節送禮最佳伴手禮。(200g*3包)

繞著酒廠找樂子

吃在地好料
看山看海兼踏青

不論是夏天想吃個消暑冰品，或是冬天想品嚐暖胃鍋物，竹南啤酒廠周遭各式在地好料絕對能滿足你。樣樣都是當地民眾私房好味，飽餐一頓後，附近更有許多風光明媚的自然景色，觀海、望山或踏青通通行。

車行約
7 分鐘

小木匠 Little Carpenter
木造溫馨小天地

小木匠 Little Carpenter

📍 苗栗縣竹南鎮科專六路 178 巷 3 號 1 樓

📞 03-758-1685

🕐 11:00 ～ 22:00

休 週二休

原是工程師的兩夫妻，為了打造專屬聚會空間，將小木匠營造出 70 年代懷古的西洋風格，客人在用餐時聆聽老式情歌，瞬間回到了美國鄉村歌手木匠兄妹當紅年代。老闆娘獨具風格的料理方式，將食材的味道利用花團錦簇的概念，堆砌出餐點多元豐富的層次。花生培根麻梯層餅以花生香味塗抹於培根肉條上，搭配層餅的酥脆，可以吃到多層次口感，是顧客一再回味的好滋味。

雙雞早午套餐選用酸奶麵包，乳酪香中微帶酸味，味道獨特。

夏綠蒂雪花冰
超值冰品好解熱

以天然自製冰磚製成雪花冰的夏綠蒂，夏日提供多種口味精緻冰品，雪花冰口感細緻軟綿，入口即化，與一般剉冰相比更加細膩，擁有不少死忠粉絲。豪華宇治金時雪花冰內含蜜紅豆、抹茶凍、白玉及一球抹茶冰淇淋，配料豐富、CP值爆表，美味又實在。夏綠蒂冬天也有提供暖心薑茶系列產品，品項多種，等你來品嚐！

夏綠蒂雪花冰

📍 苗栗縣竹南鎮公園路 116 號

📞 03-761-1068

🕐 11:00 ～ 22:00

豪華宇治金時雪花冰配上濃郁抹茶冰淇淋及綿密紅豆，視覺味覺滿點。

崎頂隧道文化公園
如走入電影場景

隧道內部近 8 公尺，漫步於內別有洞天。

被不少民眾描述為彷如走入電影神「隱少女」中的起點，崎頂隧道位在崎頂海水浴場斜對面，曾經是列車通行的隧道口，沿著停車場一旁步道緩緩走去，風光美景不在話下，假日總是旅人絡繹不絕，大家爭先一睹如同電影般的絕美景色。

建於日治時期的子母隧道，原是苗栗唯一兩座雙軌相連的鐵路隧道，雖後來因應鐵路現代化而廢棄使用，但於 2005 年被苗栗政府列為歷史建築，極具珍貴意義。

崎頂隧道文化公園

📍 苗栗縣竹南鎮南港街 12 號

📞 03-746-2101

🕐 全日開放

天雲祖傳扁食
熟悉好味道

車行約 9 分鐘

天雲祖傳扁食店位於延平路上,扁食生意已祖傳三代,自 1949 年爺爺開店營業,到現今成立中央廚房、台北拓點信義誠品店等,成功打造出在地好口碑。

水晶餃皮軟 Q 彈,內餡飽滿扎實。

紅油抄手蒜辣十足,外皮滑嫩順口,味道極佳。

純手工餛飩,皮薄餡多,絞肉緊緻扎實,一口咬下去鮮味肉汁從嘴裡化開,滿足感十足,也因堅持手作,即便放涼外皮也不軟爛,是在地民眾從小吃到大的熟悉好味道。

天雲祖傳扁食

📍 苗栗縣竹南鎮延平路 168-7 號

📞 03-755-0042

🕐 10:30 ～ 20:30

休 周二休

樂陶食店
執著美味的可口佳餚

車行約 11 分鐘

樂陶食店

📍 苗栗縣竹南鎮新生路 39 號

📞 03-748-1022

🕐 11:30 ～ 14:00;17:00 ～ 20:00

休 周一休

樂陶食店的陶鍋型式食具古樸幽雅,加熱保溫效果良好,搭配店內松木桌椅,用餐環境顯得清爽悠閒。老闆娘出生於冠軍茶園的茶農世家,承襲祖父對高品質的執著,細心挑選在地小農無毒天然的食材,清晨辛勤熬煮鍋底高湯,調製每鍋可口佳餚。韓式泡菜雪花牛陶鍋酸辣有勁,鍋物內含韓式年糕、鮮嫩雪花牛、綿密南瓜等,用料實在。

韓式泡菜雪花牛陶鍋是店內人氣餐點。

車行約
12分鐘

濱海森林遊憩區
一探幽林秘境

濱海森林遊憩區範圍寬廣，沿途可以望見防風林、濕地、沙丘等多種自然風貌，「假日之森」、「親子之森」及「長青之森」等森林步道共同串起此一豐富生態、林木鬱鬱蔥蔥的幽林秘境，不論漫步遊賞、騎自行車，各式奇妙步道等著旅客獨自來探索，並可遠望台灣海峽，是苗栗人假日休憩的不二選擇。

大片蓮花池景色優美，吸引不少人駐足欣賞。

濱海森林遊憩區
◉ 苗栗縣竹南鎮竹興里竹圍仔
🕐 全日開放

車行約
14分鐘

竹南蛇窯
窯燒歷史上的活化

竹南蛇窯 / 古窯生態博物館
◉ 苗栗縣竹南鎮公館里7鄰大埔頂7號
🕐 9:00～17:00 每月1日為開放日(免預約)
📞 03-762-3057
　採團體預約，請於3日前電話預約

竹南蛇窯致力傳承台灣陶窯文化，以及推廣柴燒陶藝的生活美學。

這座長達20公尺（原25公尺）的蛇窯，是目前台灣少數蛇窯中保存最完整，甚至還能持續燒製的。創辦人林添福於1972年帶著9位師傅與一頭牛，在這裡用9天的時間造起這座蛇窯。除了主窯極具特色的造型很吸引遊客，園區內還展示各式不同類型的窯，同時在園區內林創辦人的工作室中，也能欣賞到他持續不懈創作的陶燒作品。喜歡體驗的遊客，可以報名DIY課程，親自燒製屬於自己獨一無二的作品喔！

好望角景色一望無際,相當愜意。

觀景台上擁有絕佳視野。

車行約
27分鐘

後龍鎮半天寮好望角
絕美海景盡收眼底

位在半天寮園區裡的好望角,是眺望海景的絕佳位置,漫步山丘大道或是欣賞大風車運轉,綺麗風貌如同置身國外莊園。自山丘遼闊地景將西部優美海岸線望盡眼中,腳底下樓階彷彿沒有盡頭般,無盡延伸至海平面。景觀平台旁就是傳說中的山陵線步道,步道可以通到海邊的海角樂園,或是走至鐵軌一旁用相機紀錄火車奔馳的景色,壯闊天色吸引不少攝影同好相約聚集。

後龍鎮半天寮好望角

📍 苗栗縣後龍鎮灣瓦村

🕐 全日開放

和興路

仁愛路

福爾摩沙高速公路

③

延平路

公園路

竹南車站

④

⑤

⑥

⑦

竹南啤酒廠
周邊景點地圖

後龍鎮

⑨

中華路 ⑧

① 竹南啤酒廠　② 小木匠 Little Carpenter

③ 天雲祖傳扁食　④ 夏綠蒂雪花冰

⑤ 樂陶食店　⑥ 崎頂隧道文化公園

⑦ 濱海森林遊憩區　⑧ 竹南蛇窯

⑨ 後龍鎮半天寮好望角

台中酒廠

豔陽下，記得戴上墨鏡、打開心靈，
廠區裡層層堆疊的鮮黃酒籃，猶如一座迷宮，
成了最亮麗的耀眼光芒，
呼應著廠區生產、揚名國際的明星酒款威士忌，
不醉，都難。

酒廠見學

循著酒香
尋找隱藏版大明星

在全世界威士忌的消費排名中，台灣絕對名列前茅，如果你也是此中愛好者，你一定知道台中酒廠的調和威士忌品質大放異彩。這個曾經以花雕酒聞名的酒廠，遍地草樹，走上一趟，享受芬多精與酒香並陳的美好時光吧！

走訪台中酒廠，還未進入廠內，你的目光就會先被橡木桶造型的地標所吸引，三個大橡木桶排排站，刻印著台酒的標誌，熱情十足地迎接著旅客。面向酒廠右方，有一處特別的酒籃迷宮，層層疊起的鮮黃酒籃印上台酒 LOGO 味道十足！數千個酒籃堆砌成牆，化作專屬道路，並形成一個小型迷宮，高度適中的酒籃牆讓孩子們放心玩耍，小小場地好拍好玩又有趣，不時傳出歡樂的笑聲。

台中後花園　賞梅秘境

戶外的廠區也被稱作「台中後花園」，池塘中荷花遍佈，美麗景色讓人讚聲迭起，小巧人造瀑布每隔一小時便會啟動一次，既兼顧環保，也讓到訪的遊客樂於等待瀑布的洩洪時刻；除此之外，池塘邊還有一座祖孫垂釣樂無窮的塑像，因為栩栩如生經常讓遊客遠觀誤以為真，待走近發現真相不禁啞然失笑。

現代人喜歡尋訪的秘境，台中酒廠也有一處，「梅園」就位於酒廠大門的不遠處，涼亭周圍種植多棵梅樹，冬天漫步於此，梅花遍野，賞心悅目，有許多人都會按時來此報到賞梅，享受悠閒時光。

人形造景栩栩如生，常常讓旅客誤以為真。

酒籃迷宮場景壯觀，吸引大小朋友前來打卡。

走進打卡熱點　變身古典酒達人

　　位在酒籃迷宮旁的酒文物館，有許多中國酒歷史發展的相關紀錄，館內深處的杏花村小天地，裝潢古典雅緻，一旁觀賞座位區雖未開放，木質桌椅搭配酒甕擺設古意盎然值得觀賞。長廊中懸掛著早期台中酒廠的黑白照片，訴說著酒廠珍貴歷史，整齊排列的甕牆上標示著曾經生產的酒物，帶著旅客目飲自古至今的精彩痕跡。更往裡走，透明玻璃櫃中的製酒模型展現出早期的「純手工」清酒製作方式，模型人物小巧可愛，參觀起來趣味十足。

　　如事前預約申請，在導覽人員帶領下，便可踏入米酒製程廠房，一覽調和酒存放酒倉等平常看不見的重要製酒設備，望著平日熟悉的產品從原料開始製作到裝瓶出貨，產品的一生就在眼前完整呈現，非常有感。

　　其中，發酵槽室擺放多個龐大發酵桶，震撼的景觀成為一大熱點，雖說廠房內沒有設備運轉等劇烈聲響，但酒廠人員會告訴你，發酵槽中的微生物可是在裡頭活動，狂開趴呢！

層層排列的酒甕牆，將酒廠曾經生產的酒品娓娓道來。

調和威士忌及果醋獨占鰲頭

　　台中酒廠目前致力於生產調和威士忌，特別自美國及西班牙等地進口波本威士忌與雪莉酒酒桶，將新酒裝入橡木桶內熟成至少3年，成為香氣豐富、口感醇和的威士忌酒。走進存放威士忌橡木桶的酒窖中，可以發現酒桶外型大小與擺放的方式各有不同，原本臥式酒桶在新生產的威士忌中都改良為立式，原因是配合台灣高溫氣候，避免熟成時間太快，降低威士忌風味，如此苦功，因而釀造出最佳口感及風味的酒品。

　　調和威士忌之外，台中酒廠另一主力天王級產品，是很多人都不知道的果醋，結合台中在地水果釀造，打造出獨有的寡醣果醋，品質優良；除此之外，更與知名連鎖餐飲合作，生產米醋，味道與品質俱優，成為國人日常飲食生活中的隱藏大明星。

迷你製酒模型，外型可愛。

INFO

台中酒廠
產品推廣中心

- 台中市西屯區工業區二十八路 2 號
- 04-2350-1318*468、888
- 周一～周日 9:00 ～ 17:00

廠區參觀導覽解說

- 周一～周五 9:00 ～ 17:00
- 04-2350-1318*448
  (20 人以上報名才接受導覽預約)
- 04-2350-1138、04-2350-2446

酒廠官網

DIY 體驗
體驗活動內容隨時更動，如有興趣歡迎致電詢問。

發酵室空間寬廣，景象相當宏偉。

酒的故事
玉尊威士忌
華麗登台躍足國際

台中酒廠的「玉尊台灣威士忌」及「玉尊經典台灣威士忌」，於 2019 年榮獲「Monde Selection 世界品質評鑑大賞」金質獎，其中「玉尊經典台灣威士忌」更在酒訊雜誌舉辦的「TW.WA（Taiwan Whisky Awards）威士忌大賞」中，奪下調和威士忌組金牌。

台中酒廠因為生產米酒，因此擁有卓越的蒸餾酒技術，早在 2004 年，就以進口威士忌為基酒，加入自製威士忌，調和而成為適合台灣人口味的玉尊台灣威士忌。

台中酒廠引以為傲的調和威士忌以玉尊台灣威士忌，及玉尊經典台灣威士忌兩款為主。

玉尊經典台灣威士忌採用進口威士忌調配，香氣從清淡的花香、梅乾果香開始，中層有明顯的蜂蜜、核果及奶油香氣，入口後酒液中的葡萄、梅乾、核果味均在口中一一浮現，尾韻帶有淡淡的泥煤煙味。香氣沉穩卻綿延持久，口感醇厚滑順、喉韻甘甜，內斂清甜的

玉尊經典台灣威士忌（0.7L / 40%）

禁 止 酒 駕 酒 後

乾果香味中接續迸出淡雅細膩的泥煤氣息，層次深邃而迷人。

玉尊經典台灣威士忌在《酒訊雜誌》2019 年所舉辦的台灣威士忌大賞中，不僅在通路端的盲測榮登金牌，消費端的盲飲更獲得銀牌，可見實力非同小可，除了威士忌豐富高級的味覺享受，產品價格更是實在，高 cp 值成功地在威士忌市場中殺出一條血路。

特色好物

HIMO 異麥芽寡醣

榮獲健康食品認證，有助於增加腸內益生菌、減少腸內害菌、改善腸內細菌菌相。（450g）

玉尊台灣威士忌禮盒

入口後感受上揚的花草香氣及洋梨的甜蜜果香氣息，後續麥芽與橡木桶香氣依次呈現，平衡感極佳，入喉後甜蜜口感、橡木餘味留存口齒。（0.7L+0.2L/40%）

台酒純米醋（料理用）

經過至少二次發酵的純釀造米醋，口感自然甘爽，風味絕佳，適合各種料理烹調。（0.3L）

玉泉寡醣果醋（金桔檸檬、梅子、紅葡萄）

經過至少二次發酵的純釀造米醋，添加果汁及異麥芽寡醣調和而成，寡醣果醋清爽不膩、口感溫順，健康自然無負擔。（0.6L）

台酒純釀蘋果醋（料理用）

以 100% 蘋果汁釀造，香氣自然、口感甘醇、溫和不嗆，適合用於各種料理烹調、沙拉製作或調配果汁飲用。(0.3L)

不 開 車　安 全 有 保 障

繞著酒廠找樂子

驅車晃悠隨拍隨走
享受迷人時光

台中酒廠與市中心相隔不遠，步行或開車都可前進小巷弄或筆直道路，走訪都市叢林與神祕小區，品味老師傅的手工菜及打卡精緻美食，來上一段隨拍隨走的究極輕旅行吧！

步行約
6 分鐘

八卦窯餐廳
繁雜功夫手路菜

　　八卦窯餐廳曾是少數還在生產磚窯的地點，因此整座餐廳由紅磚堆砌而成，外型相當獨特，店內老師傅堅持食材品質及手藝技巧，鎮店之寶金字塔一刀肉就是利用一刀不間斷的刀工將五花肉切割，再炸過成型，並以焦糖上色，五花肉肥瘦相間，中間包裹炒香的梅乾菜，這道充滿醬香、入口即化的成品可是需要事先預訂才吃得到的呢！滿桌手工好滋味適合多人一同享用。

1. 八卦油雞特別選用土雞腿肉，淋上自家炸的紅蔥頭油，吃出雞肉鮮甜味。
2. 油亮的五花肉配上梅乾菜，香濃不膩口。

1

2

八卦窯餐廳
📍 台中市南屯區五權西路三段 539 號
📞 04-2359-4726
🕐 11:00 ～ 14:00；17:00 ～ 21:00
休 周一休

樂丘廚房
蓬鬆舒芙蕾熱銷

車行約
7 分鐘

位於東海商圈的樂丘廚房，不只餐點精緻，連整體空間都走網美路線。招牌珍珠奶茶舒芙蕾鬆餅，用伯爵紅茶加入鮮奶製作醬料，當天現做珍珠以黑糖熬煮，帶有些微焦香味，Q 彈有勁，搭配知名品牌冰淇淋，甜而不膩。主廚以低溫烘烤方式製作龍蝦法式吐司，鎖住龍蝦本身水分，再用高溫炭烤，襯托出炭香味，丹麥吐司沾滿特調蛋液與奶油，口感如同布丁一般，外酥內鬆，美味滿分。

主廚烘烤龍蝦法式吐司選用進口高級龍蝦、手工優格，健康十足。

樂丘廚房（東海店）

📍 台中市龍井區台灣大道五段 3 巷 62 弄 13 號

📞 04-2652-8300

🕐 11:00 ～ 21:00

珍珠奶茶舒芙蕾鬆餅主廚使用獨門技巧，將煙霧炒進珍珠，創造出淡淡焦香味。

豆子燒肉便當事務所
健康日系便當首選

車行約
8 分鐘

一小片綠地前的日式小餐車，充滿風情，舒適悠閒，豆子燒肉便當事務所將整間小店打造文青風格，吸引打卡人士前來探訪。

豆子燒肉以精緻便當作為熱賣特點，不只食蔬等配菜每日新鮮製作，招牌燒肉也特別選用梅花肉入菜，鹹甜滋味深受大小朋友喜愛，另一個同為熱銷款的泰式檸檬炸魚排便當，淋上手工調製泰式醬料，地道泰式風味充滿濃濃異國風。

豆子燒肉便當事務所

📍 台中市龍井區新興路 27 巷 16 號

📞 04-2631-2025

🕐 11:00 ～ 13:30；16:30 ～ 19:30

🚫 周日休

車 行 約
11 分鐘

望高寮夜景公園
登高眺望夜晚多浪漫

　　近期甫整修好的望高寮公園，翻新老舊設備，重新鋪設木棧道及觀景平台，讓旅客能安心觀賞夜景，愉悅地享受夜晚寂靜之美，並以「光」作為點綴，設置多處色彩斑斕的光源，營造夜間浪漫氛圍。

　　站在觀景台前，瞭望大台中夜生活的朦朧美，便可從忙碌的生活中，稍稍逃離壓力的束縛，在遼闊的公園內與身旁伴侶或友人相依，感情瞬間加溫。

望高寮可遠望整個台中港。

望高寮夜景公園

📍 台中市南屯區中台路 601 號

🕐 全日開放

車 行 約
11 分鐘

橫山銘製三明治專賣店
平價實在水果三明治

　　小巧可愛三明治搭配各式當季水果以及綿密卡士達，成為人手一個的點心明星。橫山銘製研發出各式不同口味的三明治，其中以綜合水果為熱門款，不只外觀可口，內餡更是講究，當日現做卡士達，香味濃厚，更以健康概念，降低餡料糖度，搭上新鮮水果，奶香濃郁卻口感清爽。另一款芋頭奶酪三明治選用大甲芋頭，奶酪堅持使用鮮奶與鮮奶油熬製而成，芋香味十足。

橫山銘製三明治專賣店

📍 台中市西屯區西屯路三段 281 巷 8 號

📞 04-2462-8690

🕐 10:00 ～ 18:30

休 周三休

白日至秋紅谷踏青，可享受被綠地環繞的悠閒感。

車行約
13分鐘

秋紅谷生態公園
自然寧靜又浪漫

　　位在市中心的秋紅谷被遍野樹叢草皮包圍，靜謐自在，感受不到喧鬧嘈雜感，周邊步道特別使用木屑鋪地，漫步中似乎與大自然的距離拉近許多，午後常有不少遊客於草坪席地而坐，享受煦煦暖陽灑下的愜意。夜晚來此更別有一番風味，都市高樓閃爍的霓虹燈，照射在湖中，如同鏡子般，投射出夢幻水中世界，究極浪漫成為情侶約會不二選擇。

秋紅谷生態公園

📍 台中市西屯區朝富路 30 號

🕐 全日開放

彩虹眷村
繽紛色彩惹人愛

車行約 13 分鐘

彩繪小村落，小小地區畫滿一筆筆童趣鮮麗的圖樣，有趣的景象令人忍不住會心一笑；斑斕紛呈的色彩遍佈全區，不只石牆上，地板也因顏料不斷的增補，難以看出時間的痕跡。陽光照射下，彩繪顏料更顯明亮，來此遊玩的旅客無不驚呼連連，每個角落總有意外小驚喜，解放平時沉悶生活。彩虹眷村內更販售相關商品，讓旅客可以將美好回憶同時帶走。

彩虹眷村

📍 台中市南屯區春安路 56 巷 25 號

📞 04-2380-2351

🕐 8:00 ～ 18:00

台中國家歌劇院
內外兼具　全國首屈一指建築

車行約 15 分鐘

台中國家歌劇院自開幕以來，已成台中的地標，也是台中人引以為傲的精神建築。曲型建築外觀榮獲日本優良設計獎，透明玻璃與水泥牆壁完美融合，壯麗典雅的造型與歌劇院內所展出的精彩展演相互呼應，院內更劃分成不同內容的特色區，有文青手作商鋪、黑膠唱片店、極具格調的咖啡廳，頂樓更是亮點，獨特的空中花園是一處迷人空間，看似白色火山口造型則是曲牆延伸的盡頭，充滿想像意境。

台中國家歌劇院

📍 台中市西屯區惠來路二段 101 號

📞 04-2251-1777

🕐 11:30-21:00(周日、周二～周四)
11:30-22:00(周五、周六)

休 周一休

台中酒廠
周邊景點地圖

烏日 啤酒廠

這裡，有時光的味道，也有活力的滋味，
全台灣最豐富的啤酒知識在這裡，
引領你深入啤酒的世界，看見其新生命。
領略酒香的靜謐，
就彷彿闖進瀰漫文學氣息的博物館。

啤酒新品研發中心
一窺台啤好喝的秘密

即便台灣現在風行各式風味的啤酒，可是啤酒迷還是絕對同意，台灣啤酒依舊是代表台灣的經典款，深受國外遊客推崇，想要一窺台灣啤酒秘密，別忘了走一趟烏日啤酒廠。

下烏日交流道，很快就可抵達烏日啤酒廠大門，門口的磚瓦牆飾以醒目堆疊而成的啤酒鋼瓶裝置藝術，在太陽底下閃爍著霧面金屬光芒，增添了些許暖意；視線穿過圍牆，觀光工廠大樓裝飾著以紅銅打造而成的糖化釜和大麥圖騰，亮眼又吸睛，勾起人們對烏日啤酒廠的好奇。

走跳啤酒廠　晉升一日啤酒博士

烏日啤酒廠多是以米黃或白色建物構建而成的單純景象，其主要原因就在於烏日啤酒廠身兼啤酒生產和研發中心，因此少了其他酒廠常見的意境造景。不過穿過兩棟建物所圍成的長廊，牆面上有非常美式風格的塗鴉，色澤鮮亮，為冷冰冰的廠房注入活潑氣息，不少親子愛在塗鴉前擺姿勢拍照，是非常受歡迎的網美牆。

酒廠門口以不銹鋼酒桶裝飾，現代又復古。

在展售中心內，可以看到最齊全的台灣啤酒產品，位於其中的啤酒文物館，收藏了相關史料、文物，展區外型很像圓型的糖化釜，小巧而精美，而走入其間可以清楚看到各式各樣啤酒酒標、啤酒杯甚至啤酒釀造原理，同時也可親手摸到台灣人不熟悉的啤酒花和大麥麥芽等，聞一聞、摸一摸，你將更深刻了解台灣啤酒。

紅銅糖化釜　揭開啤酒生產秘密

展售中心的各種活動與展覽都較為靜態，建議還是提前預約來體驗整套的啤酒釀製過程，全自動化大型機械的聲響，震耳欲聾，在現場真是為之震撼。預約行程首先來到糖化工廠，近距離觀看紅銅色宛如漏斗狀的糖化釜，宛如置身國外啤酒廠，每個糖化釜中正各自蒸煮著類似粥狀物，原來

烏日啤酒廠區充滿歷史感的牆面上，有著年輕的美式塗鴉。

望著平日暢飲的啤酒自包裝線產出，有種非常奇妙的感覺。

貯酒桶設備龐大，極為壯觀。

堆疊而成的啤酒鋼瓶成為烏日啤酒廠的一大亮點。

酒廠官網

INFO

烏日啤酒廠

產品推廣中心

📍 台中市烏日區光華街 1 號

📞 04-2338-1216＊499、498

🕐 周一～周日 9:00 ～ 17:00

廠區參觀導覽解說

🕐 周一～周五 9:00 ～ 17:00

📞 請於 2 天前電話預約

除了大麥麥芽外，其中一個糖化釜正蒸煮著蓬萊米，它正是台灣啤酒風味與口感的秘密武器。從透明玻璃蓋望進釜中，被機器緩慢攪拌的米粥和大麥麥芽粥不斷瀰漫出蒸氣，穀類的澱粉在靜默中被分割成較小分子的醣類，糖化後的米和大麥芽混合後，再放入煮沸釜中煮沸，加入酒花，增添啤酒香氣……，這一系列的變化，揭開了台灣啤酒的神秘面紗。

望見啤酒新生命　下班解壓良方

從糖化釜離開，走至戶外，一桶桶矗立聳天的發酵貯酒桶襯著藍天白雲，甚為壯觀；混合的材料液體會降

溫後再稍微升溫發酵，即便不鏽鋼的發酵槽無法讓人一眼看透，不過可以預見良好的溫控，槽內的酵母應正開心、勤勉地釀酒著，啤酒的苦甜滋味就靠它了。

接著，可別省略了啤酒入瓶或入罐的場面，看著青綠色的玻璃瓶、易開罐從原本空空如也，一罐罐、一瓶瓶依序的被貼上標籤，注入酒汁封蓋，這不斷重複的流程，雖然聲響極大，但包準你瞬間忘記壓力直接放空。

而最震懾人的是聯結卡車，不妨想像一下——卡車載運了高高疊起的啤酒空箱，一車車開進廠房區，等到每一欄空箱都被填滿後，就再運送到經銷處，配發到各零售點，等你下班後，喝上一杯沁涼透心的啤酒。

糖化釜外表是紅銅色，內部卻是不鏽鋼，兼具美感與實用性。

酒的故事

靚點水果啤酒
愛不釋手的微醺風味

台灣啤酒因為有國產蓬萊米作為輔料，口感上較為滑潤，尾韻也多了米的香甜，因此成功榮獲國內外大小獎項，更站穩台灣的啤酒市場；但為了讓更多人享受啤酒沁心涼的滋味，烏日啤酒廠開發出深得女性客群喜愛的水果啤酒，並且一戰成名！

烏日啤酒廠當初開發水果啤酒最主要的原因，其實是為了解決果農作物收成的瓶頸，有時碰到天災，賣相差的水果就成為了果農們的燙手山芋，而為了替農民解決問題，台酒公司咬緊牙根大量收購賣不出去的水果，烏日啤酒廠也因而成為研發大本營，在不斷嘗試下，以最具台灣特色的鳳梨、芒果等水果，成功開發出當前炙手可熱的水果啤酒。

專攻不愛苦味的消費者，烏日啤酒廠以金牌啤酒作為混合基底，打造出酒精濃度只有 2.8% 的水果啤酒，利用水果的甜味，中和啤酒花的苦味，讓啤酒麥香與鮮甜果香完美融合的同時，保留

台灣啤酒水果系列
（甘甜鳳梨、香郁芒果）
（0.33L 2.8%）

禁 止 酒 駕 酒 後

啤酒專屬的爽口感，打造出深受女性朋友喜愛的水果啤酒系列。香甜葡萄、香郁芒果等嚴選在地新鮮水果融入啤酒，濃郁果香讓人蠢蠢欲動，順口滋味使得在剛推出時，造成搶購風潮，並成為無人不曉的台啤一大代表產品。

除了水果啤酒，烏日啤酒廠也開發出不少新品，像是以天然果汁融合啤酒的果微醺、香氣足卻沒有苦味的爽啤，以及保有啤酒風味但零酒精的金牌FREE。烏日啤酒廠源源不絕的研發動能，持續支持台啤創新，為的就是希望無論你是哪一種客群，都能找到適合你的台啤。

特色好物

果微醺 (白葡萄、荔枝、葡萄柚)
擁有 9% 果汁，以清新自然的水果風味融入啤酒，帶出酸甜微醺感，香氣自然芬芳。
(0.33L / 3.5%)

爽啤
採用雙啤酒花，以 0℃低溫冷泡啤酒花技術製作，香氣足卻沒有苦味，清爽口感加上獨特的啤酒花風味，深受消費者喜愛。(0.33L / 3.5%)

黑麥汁 (紅麴、原味、烏梅、桂圓)
精選濃、淡色香型麥芽以德式工藝發酵釀製而成，無添加色素，甘甜不膩，老少皆宜。
(0.33L)

金牌 FREE 啤酒風味飲料
保有啤酒風味，但無酒精負擔，口感輕盈舒爽，一開罐就能聞到清爽的啤酒花和麥香，入口更帶有清新的氣泡感。(0.33L)

不 開 車　安 全 有 保 障

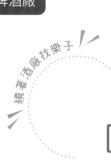

台中風格店鋪
嚐盡私廚文青味

台中實在太好玩了，除了國際級景點，巷弄內也隱藏了不少文青店鋪，是許多來台觀光客必定造訪的景點之一，逛完了烏日啤酒廠，當然得啟程前往，享受這悠閒的萬般風情。

車行約
2分鐘

禎祥冰果店
歷久彌新 30 年

在台中享有高知名度的禎祥冰果店，每到夏天就大排長龍，人人爭嚐其價格公道的水果冰。老闆早期是與果農契作在批發市場販售水果的經銷商，後轉作冰果室，沒想到因為講究食材而大受歡迎。除了果醬、蜜餞外，店內 20～30 種配料都自行烹煮，黑糖汁和鳳梨更是都熬煮 1～2 小時。店內除了剉冰、雪綿冰之外，冬天還販售各式熱甜湯，也頗受歡迎。

禎祥冰果店
- 台中市南屯區黎明路一段 147 號
- 04-2479-2230
- 10:30～21:30

綜合豆花可以吃到芋圓、湯圓不同程度的 Q 軟，豆花滑細飄著微微豆香。

布丁牛奶冰搭上布丁，奶味更濃。

車行約
4 分鐘

小日和咖啡
豐盛早午餐超暖心

　　裝潢洋溢著日式小清新的小日和咖啡，開在僻靜遠離市區的路段，店鋪經營至今 5 年，是在地客人喜愛的秘店之一。這裡主打店家手工製作的早午餐輕食，盤子裡裝滿了食材，包含 7～8 種以上的配料，因為用心且手藝好，因此，店內客人多以熟客為主，餐點常供不應求，往往不到閉店時間就銷售一空，造訪前記得先電話詢問。

經典朝午食滿滿的料理，可以吃得飽足無負擔。

小日和咖啡

📍 台中市烏日區長春街 537 號

📞 04-2338-7667

🕐 9:00～18:00

車行約
9 分鐘

知高圳步道
綠野山林都市秘境

　　沿著橫跨烏日鄉和大肚鄉知高圳所修建的步道，是用枕木沿著圳道搭蓋而成。沿途可見隨季節變化的林木美景，圳水穿過大片高低差不超過 80 公尺、長度約 6 公里的山林，低緩的坡度老少皆宜，當地人喜歡來此聽著潺潺流動的水聲前進，散步爬山，走到至高處，還可以居高俯瞰台中美景，盡拾萬戶民宅的美景。

知高圳步道

📍 台中市烏日區中山路三段登寺巷 176 號

🕐 全日開放

田庄私廚
車行約 14 分鐘
隱密私人會所

　　開車前往烏日工業園區，田庄私廚就位於工廠的外圍區域，餐廳外還可見農地、水道溝渠，頗似位於都市叢林中的世外桃源。田庄私廚原本是私人招待所，現轉為預約制私廚，主打進口海鮮，搭配當季食材為主的和漢料理，強調不油炸，只以最簡單的蒸、烤、煎烹調，店內招牌的 2 種套餐干貝飯套餐和鰻魚飯套餐僅 680 元，搭配日本進口餐具，精緻華美卻不貴，是不少工業園區廠商商務聚會吃飯的熱門餐廳。

鰻魚套餐選用台灣出口日本等級的鰻魚製作，肉質細膩膠質豐富，鹹香可口。

使用霧峰香米搭配日本干貝烹煮的干貝飯，搭配小菜、甜點和煮物等組成套餐，口味豐富多元。

田庄私廚
- 📍 台中市烏日區環中路 8 段 1121 巷 15 弄 76 號
- 📞 04-2335-7834
- 🕐 11:30 ～ 14:30；18:00 ～ 21:00

俄羅斯鱈場蟹以簡單烘烤至熟的鱈場蟹腳，肉質 Q 嫩，鮮美甘甜。

盛橋刈包、川子麵線
車行約 14 分鐘
立吞創意台灣味

　　位於台中火車站附近，步行便可達的盛橋刈包是觀光客必訪景點，一牆之隔也開了川子麵線，兩家店舖賣的是傳統小吃，店外觀卻洋溢著純樸日本風，選材、口味深具創意。洋溢粉嫩色澤的櫻花蝦起司薯刈包，內餡除了傳統食材外，還可吃到東港櫻花蝦的鹹香海味。而巴薩米克醋菇麵線則是用巴薩米克醋調味的菇類，取代一般的大腸或蚵仔，酸香順口。

櫻花蝦起司薯刈包以飄散鹹香海味的櫻花蝦，搭配酸香的西式塔塔醬，味道豐富。

盛橋刈包
- 📍 台中市中區中山路 26 號 1 樓
- 📞 0903-402-778
- 🕐 12:00 ～ 18:00
- 休 周一休

川子麵線
- 📍 台中市中區中山路 26 號 1 樓
- 📞 0903-193-636
- 🕐 12:00 ～ 18:00
- 休 周一休

巴薩米克醋菇麵線味道酸甜，風味獨特。

審計新村
老宿舍走逛文青小店

　　將 40、50 年的老舊宿舍聚落重新復生的審計新村，恰好位於台中最優閒的台中美術館、草悟道、勤美誠品綠園道等區塊間，一氣呵成的文青悠閒風，成為國內外觀光客必去的台中景點之一。園區內有不少文青物品小店和餐飲店，每一處都十分好拍，另外，不定時舉辦的市集或相關音樂活動，讓此區生氣蓬勃，熱鬧活絡，是好逛又好買的景點。

審計新村轉型為青年創業基地，充滿年輕活力。

審計新村

- 📍 台中市西區民生路 368 巷 2 弄 12 號
- 📞 04-2302-3138、04-2321-0630
- 🕐 11:30 ～ 20:00

台中文學館
車行約 16 分鐘
浸淫歷史建築文思中

　　由日治時期保留至今的警察宿舍群重生而成的台中文學館，充滿歷史的軌跡和記憶，偌大聚落間以綠意盎然的綠林造景，氛圍沉靜，雖有部分老舊頹廢的建物殘片與新派裝置藝術並陳，卻不喧賓奪主，嫻靜怡然。重生後的各個空間，針對不同族群設計各項活動，有靜態的文學展覽，也有動態的講座課程，若想獨處，不妨借閱書籍，悠閒度過下午時光。

> **台中文學館**
> 📍 台中市西區樂群街 38 號
> 📞 04-2224-0875
> 🕐 10:00 ～ 17:00
> 休 周一休

綠光計畫范特喜文創聚落
車行約 19 分鐘
在老宅享受恬靜

　　范特喜文創聚落綠光計畫，是由 12 棟自來水公司的老宿舍改造而成，曾經是雜草叢生的老屋，經過范特喜團隊重新規劃後，邀請各文創業者進駐，復甦了這個充滿生氣的聚落，也為過去留下些生活的記憶。

　　舊宿舍建築物改造為京都長屋的風格，一磚一瓦都相當有文青感，整個聚落不只結合文創展覽，更結合許多特色風格店家，在這裡用緩慢的步調細細品味整個氛圍帶來的寧靜感，並在歷史斑駁的咖啡廳中享用午茶。

> **綠光計畫范特喜文創聚落**
> 📍 台中市西區中興一巷 19 號
> 📞 04-2305-0519
> 🕐 9:30 ～ 18:00

烏日啤酒廠周邊景點地圖

- ❶ 烏日啤酒廠
- ❷ 禎祥冰果店
- ❸ 小日和咖啡
- ❹ 田庄私廚
- ❺ 盛橋刈包、川子麵線
- ❻ 台中文學館
- ❼ 審計新村
- ❽ 綠光計畫范特喜文創聚落
- ❾ 知高圳步道

南投酒廠

想像著進入國外酒莊，心情便會十分愉悅，
這裡就有那股魔力與似曾相識的場景。
超大橡木桶與大酒瓶直立的門口，
還有木桶排排陳列的酒窖內，
寬敞與宏偉並存，
散發出的威士忌酒香，連天使都無法抗拒。

—————— 酒廠見學 ——————

走進橡木桶莊園
品味威士忌光芒

聽說南投酒廠的威士忌連天使都愛偷喝，也連獲世界大獎，那麼，一定有許許多多橡木桶可以讓你一飽眼福，順便聞聞那屬於製造佳釀的歲月之味。戶外偌大造型的水果裝置藝術，以及各種產品，在在宣示著：這裡完全適合全家出遊哦。

走進全台第一家觀光工廠的南投酒廠，超級大的橡木桶、直立的大酒瓶看得你眼花撩亂，這裡就是台灣威士忌的專業產區。綠茵草地上，散落著香蕉、荔枝、楊桃等等造型裝置藝術，點出酒廠的另一個產品——水果酒，沒錯！除了葡萄水果的白蘭地，這裡還有支酒很讓人驕傲——OMAR單一麥芽威士忌梅子酒桶，2019 年一舉奪得布魯塞爾烈酒競賽特別金獎。

一進酒廠內望見的大型葡萄酒桶其實是品酒屋，造型相當可愛。

 禁止酒駕　酒後不開車　安全有保障

儲酒倉中的威士忌酒桶只要預約申請即可參觀。

南投酒廠室外風景亮麗，吸引許多民眾駐足。

大型水果橡木桶造景
網美打卡新地景

看到現在的酒廠，你一定很難想像當年在 921 大地震中其大半廠房都毀損了。南投酒廠於 2008 年重新奮起，不但利用在地水果成為唯一的「水果專業酒廠」，更轉型迎向威士忌蒸餾的新里程。入口處的大橡木桶伴著一旁兩棵夫妻合抱的老榕樹，「百年好合」的意象鮮明，左邊還有座大型的白蘭地蒸餾器，站在樹蔭底下乘涼，可以微微地嗅聞到一股微醉的芬芳。

南投酒廠拚勁十足，全年只休除夕一天，平日午間也照樣服務遊客，到展售中心還可順便觀賞鯉魚池，池中魚兒肥美，大概是吃進了營養豐富的酒粕，精氣神十足。

目前園區正在籌備硬體設施的新建與更新，未來展售中心即將以綠建築面貌呈現；而現在，你該把握的是進入室內，尤其是 20 人以上預約行程才得以一窺全貌的 VIP 品酒室，以及內行人爭相搶進的酒桶儲放室。

VIP品酒室　威士忌行家的朝聖地

酒桶儲放室就是酒窖，主要分為雪莉桶、波本桶、重組桶 3 座，一排排酒桶橫放，令人大開眼界，雪莉桶主要是從西班牙購入，利用它已經浸泡過雪莉酒的底韻，倒入新蒸餾好的威士忌儲藏至少 3 年，酒香風味格外濃郁。波本酒桶從美國進口，對於威士忌的熟成有另一番風味；重組桶則是把 450 公升的大桶去除不可用的桶身部分，可用的橡木重組為 225 公升的小桶，真是物盡其用。

而在 VIP 品酒室，更有專人做簡報、侍酒試喝。橡木桶品質、環境溫度都會影響酒質，有趣的是在南投酒

廠的 OMAR 單一麥芽威士忌，熟成度跟蘇格蘭相比，約是 1 年抵得過 3 年，而天氣較熱，每天逸失損耗的酒量約 1% 至 7%，比起蘇格蘭的 1% 至 2% 要高許多，酒界戲稱這是「天使稅」，表示南投酒廠的威士忌太讚了，連天使都偷喝，當作抽稅的成數也相對更高。

在地風土水果酒魅力獨具

南投酒廠老少咸宜，來此遊覽，男主人可以一嚐世界珍品等級的威士忌，女主人享受優雅香甜的水果酒，長輩們不妨品味屏東洋蔥釀製的洋蔥紅酒，小朋友們一見米糕冰棒、威士忌生巧克力就一定開心無比。

坐落在南投青山綠水之間的酒廠、蒸餾廠、威士忌廠房，走過大地震屋倒瓶碎酒灑滿地的辛酸，仍然揮動工藝的魔術手指，把發芽大麥轉化成清清如許卻醇美動人的酒液，這其中飽含著的酒香秘密，就是不屈不撓的生命力，蒸餾，昇華。

酒銀行仿造酒窖造型，酒桶整齊排列，相當壯觀。

南投酒廠

產品推廣中心

📍 南投縣南投市東山路 82 號

📞 049-2234171*555、556

🕐 周一～周日 8:30 ～ 17:00

酒廠官網

廠區參觀導覽解說

🕐 周一～周五 8:30 ～ 17:00

📞 049-2234171*557、431
（20 人以上報名才接受預約）

💲 每人 400 元（由 OMAR 專業講師講
解並帶領體驗威士忌的製作歷程，並
含 6 款品飲酒款及桶邊飲。）

南投酒廠的銅製壺式蒸餾器是特
別向英國訂製進口的。

酒窖內擺滿進口
大型橡木桶，是熱
門打卡點。

91

酒的
故事

OMAR 在地風味
全球驚艷

「威士忌，那不是蘇格蘭、英國產品的專利嗎？」因 921 大地震嚴重毀損的南投酒廠尋求轉型，2008 年建立威士忌蒸餾工場，利用雪莉酒桶、波本酒桶甚至獨家水果酒桶盛裝自產的威士忌，不但斬獲世界大獎，也經常供不應求。

老師傅的手工藝和拚搏精神，加上在地風土，南投酒廠的單一純麥威士忌因而打出響亮名號。

南投酒廠的威士忌從初始的調酒用途，躍升到純粹品味的殿堂，箇中關鍵有賴南投盛產的各種甜美水果，形成了橡木桶的荔枝桶、柳丁桶水果白蘭地基調後，再把釀好的威士忌移入，別緻果

味渾然天成，在酒廠現有的雪莉桶、波本桶以外，獨樹一格。

南投酒廠超強品牌的 OMAR 單一麥芽威士忌，使用浸泡過雪莉、波本的酒桶釀造至少 3、4 年，加上得天獨厚的氣候條件以及取用中央山脈岩層甘泉水質，2013 年首度發表就驚艷國內外。OMAR 單一麥芽威士忌（雪莉果乾），

① OMAR 原桶強度麥芽威士忌－波本桶
（0.7L / 51% ～ 59%）

② OMAR 原桶強度麥芽威士忌－新橡木桶
（0.7L / 51% ～ 59%）

③ OMAR 原桶強度麥芽威士忌－雪莉桶
（0.7L / 51% ～ 59%）

④ OMAR 原桶強度泥煤威士忌－波本桶
（0.7L / 51% ～ 59%）

上層是花香，中層有熟香蕉、蘇打餅乾、話梅香氣，底層是果醬、檀香和黑巧克力味。酒體濃稠香甜，飲後迴盪著果乾和橘子蛋糕的香味，甜而不膩，最後轉成煙燻，增加了整體的厚度和餘韻。

光看 2019 的「布魯塞爾烈酒競賽 (CMB)」獲獎紀錄，就能印證南投酒廠的 OMAR 單一麥芽威士忌是饕客寵兒，OMAR 單一麥芽威士忌梅子酒桶斬獲「Grand Gold Medal」特別金獎，OMAR 單一麥芽威士忌雪莉果乾贏得「Gold Medal」金獎，OMAR 單一麥芽威士忌柳丁酒桶「Silver Medal」、OMAR 原桶強度單一麥芽威士忌——波本桶雙雙銀牌加身，聲名遠播。

特色好物

OMAR 豐收 NO.1 單一麥芽威士忌

選用柳丁桶、梅子酒桶、葡萄酒桶和波本桶進行勾兌，讓熱帶水果的性格在酒液中奔放，承載著農民和這片土地滿滿的熱情。(0.7L / 46%)

玉山台灣白蘭地 VSOP 禮盒

由法國陳年白蘭地及台灣金香白蘭地完美混和，散發濃郁複雜花果香與橡木氣息。
(0.7L / 40%)

玉泉水果酒 (青梅、荔枝、烏梅)

精選台灣新鮮優質水果天然釀製而成，甜而不膩，含有異麥芽寡醣，清爽順口不造成身體負擔。
(0.375L/ 12%)

玉泉洋蔥紅酒禮盒

精選甜醇「美洛」紅酒與特級洋蔥，經由獨特釀製，創造驚人風味，顛覆口舌衝擊。
(0.75L*2+0.18L / 10.5%)

不 開 車　安 全 有 保 障

繞著酒廠找樂子

悠遊半日閒
南投魅力無窮

南投酒廠距離曾是全國行政心臟的中興新村，其實不遠，輕車代步揭開以往排隊店、權力核心的神秘面紗，早餐、西餐、咖啡、雞蛋糕各有特色風味，半天時間就能用味蕾轉換心情，high 到最高點！

步行約 6 分鐘

光明市場希谷早餐
吃它一回滿足一整年

　　燒餅、豆漿、蛋餅，希谷早餐的料好實在超乎想像、正統味純。嚴選非基改黃豆磨漿，一杯 20 元的豆漿竟然可以續杯，自備容器還份量加倍；鹹豆漿加進榨菜絲、油條、自製辣油，口感豐富，手擀麵粉餅皮做成的大燒餅和甜、鹹燒餅，特別爽口，甚至拒絕坊間反式脂肪的現成酥油，自製麵粉加沙拉油而成油酥，蛋餅煎得酥脆，絕非冷凍餅皮可比擬，堪稱良心早餐店。

希谷早餐的餐點簡單實在，是在地人必推的好味道。

光明市場希谷早餐

📍 南投縣南投市光明一路 60 號

📞 0935-385-252

🕐 6:00 ～ 11:00　　休 周一、二休

好好雞蛋糕
創新「餡」景正香濃

車行約
3 分鐘

店主夫妻在澳洲打工度假時，學會做甜點，決定加進創意，回鄉創業。長橢圓形的雞蛋糕有牛奶巧克力等 10 種甜鹹口味，黑麻糬、起司雞蛋燒、香濃卡士達高居人氣排行榜 TOP 3。不用市售的預拌粉，而是自己攪拌麵粉、雞蛋、牛奶為麵糊，擠在左右對稱的模洞裡，火烤快乾時，擠入餡料續烤，再對合為一，香氣濃郁，起士雞蛋燒一面是蛋、一面是蛋糕，一次可以吃到兩種微妙口感。

雞蛋糕外脆內軟，雞蛋口味更是獨特。

好好雞蛋糕

- 📍 南投高商正門左斜對面
- 📞 0923-337-119
- 🕐 14:00 ～ 18:00 售完即收攤
- 休 休息日不固定

猴探井天空之橋
全日皆美

車行約
3 分鐘

漫步在雲端到底是什麼感覺？登上猴探井天空之橋就會很有概念。八卦山脈橫亙南投與彰化，山脈的兩條登山步道，一條連接猴探井眺望台，另一條連接茶園的觀景涼亭，現在則是由天空之橋把原本被山谷分隔的涼亭、眺望台，一舉串接起來。

天空之橋全長 204 公尺，有 265 格階梯，兩端高低落差 5.65 公尺，既能開拓視野，眺望彰化平原，到了夜晚，燈光明亮的橋身宛如銀河天梯，美極了。

猴探井天空之橋

- 📍 南投縣南投市猴探井街 300 號
- 📞 049-229-2556
- 🕐 8:30 ～ 18:00（遇農曆春節及連續國定假日，開放時間異動可瀏覽官網公告）

落羽松隨著四季變換由綠轉紅，唯美景象令人傾心。

車行約 5 分鐘

落羽松森林
走進三色幸福秘境

想要一次看到由綠轉變為黃、紅色 3 種不同顏色落羽松，不再是夢想了，順著八卦路就能迎來驚喜。入口處橫放一支超大的樹幹，走進廣大林區，坐在樹下的小木馬造型長條椅上，靜謐無比，可以與內心世界對話。親友或家人同遊，盪起鞦韆，又是另一番溫馨光景；想當網美不必出國，整排的落羽松建構出彩色光影變化的廊道，水色倒映，頗有韓劇《冬日戀歌》的況味。

巨型斷木是進入落羽松森林前的明顯地標。

落羽松森林

📍 南投縣南投市八卦路 710 號

📞 0912-356-698

🕐 全日開放

車行約 5 分鐘

松濤園
浪漫求婚拍照好去處

位於省府大道旁，松濤園的歐式庭園餐廳引人多看幾眼。草地上，一年四季五顏六色的草花綻放；餐廳門口營造出西班牙摩爾人建築風，餐廳內又融合百年老木屋的懷舊風，已成求婚最佳場景；炭烤戰斧牛排、油封鮭魚佐細香蔥奶油醬汁等等排餐，搭配冷熱菜均有的沙拉吧，讓人肯定能夠愜意放鬆地吃到飽足；而後再到流水潺潺的庭園散散步，愜意極了。

松濤園的歐式建築被花草包圍，彷彿置身歐洲小莊園。

松濤園
- 南投縣南投市省府路 78 號
- 049-237-2688
- 11:30 ～ 14:00；17:30 ～ 20:30

日晨咖啡
提供多種單品豆
和不同的沖泡方式。

車行約 8 分鐘

日晨咖啡烘焙
真正品味精品咖啡

日晨咖啡烘焙正位於南投警分局的對面，是警察們破案時會犒賞自己的首選。老闆曾書洋是台灣咖啡節全國咖啡手沖大賽的評鑑師，開店理念是為引導大家體會由深到淺烘焙單品咖啡和水洗、日曬、蜜洗精品咖啡的不同風味。店裡的手沖單品咖啡，香醇品質幾達莊園等級，奇特的是沒有定價，由顧客自行決定投錢在櫃檯的大豬公撲滿裡，還可搭配當日現做的手作甜點。

日晨咖啡烘焙
- 南投縣南投市彰南路二段 102 號
- 049-224-4037
- 平日 9:00 ～ 18:00；假日 10:00 ～ 20:00　（休）周二休

車行約 16 分鐘

29 號花園
茶樹與迷迭香的綠色仙境

這是一處充滿香草氣息的地方，入口處設置多肉植物小盆栽販賣區，園內有澳洲茶樹植栽區，是在地小農和園長共同協力而成。園內售有茶樹精油、純露，據稱有健齒防炎功效，另外還有自 14 世紀以來就被歐洲人當作「回春之草」的迷迭香精油，調養身心或放空心情都適合。

餐廳提供麵飯簡餐和咖啡等飲品，地瓜、南瓜牛奶與豆漿用料道地實在，CP 值高，還可到樓上俯瞰香草園怡人景致。

29 號花園

- 📍 南投縣南投市八卦路 1066 巷 29 號
- 📞 0932-698-966
- 🕐 8:00 ～ 18:00（周六、日、國定假日）
- 休 周一～五休

妖怪創界糖狗村

- 📍 南投縣南投市東山路 2 之 6 號
- 📞 04-9223-0930
- 🕐 10:00 ～ 17:00
- 休 周二、四休

車行約 28 分鐘

妖怪創界糖狗村
狗狗主題很療癒

妖怪村打造的另一處景點，仿日式樣貌的建築、店舖、理髮廳、神社淨手池，還有短短吊橋和日本鼓。長方形池子上有一隻陶瓷狗，感應到旅客靠近就會發揮「尿尿小童」的噴水功能，處處可見狗主題穿梭其間。園內還有一口貌似圓井的泉水，一旁有投錢孔，可以投入銅板觀看它如何動起來。廁所設計成紅色電話亭的外觀，別走錯了！餐廳推薦風味雞，同時供應牛豬肉類主餐和果汁。

南投酒廠周邊景點地圖

1 南投酒廠
2 光明市場希谷早餐
3 松濤園
4 日晨咖啡烘焙
5 好好雞蛋糕
6 29號花園
7 落羽松森林
8 猴探井天空之橋
9 妖怪創界糖狗村

樟平溪
地王路
9

省府路
3

光明一路
2

6

八新路

COOO

TTL

1 路上街

7

4
彰南路

好
雞蛋糕

猴探井街

8

5

埔里酒廠

走進一條釀酒光陰的隧道，
全身心汲飲那屬於歲月和疼惜的味道，
女兒紅的祝福美意，以及巨型紹興酒甕，
為這個在 921 地震中重生的廠區，
書寫並迸發了最濃醇的生命風華。

酒甕隧道打卡熱點
回味紹興風華

來到埔里酒廠大樓前，先別被一樓銷售中心的人聲沸騰影響而急著買酒，欣賞周遭偌大的庭園與景致，再循著設計古色古香的建物搭乘電梯至二樓，這裡是 1996 年愛蘭白酒上市時一併成立的台灣首座「酒文物館」，然後，再買瓶酒回家好好吟味。

你曾有過被千百個陳年紹興陶甕包圍的經驗嗎？只要你來到埔里酒廠便可以體驗。

「酒文物館」劃分為多個展示空間，分別為台灣紹興故事館、女兒紅主題區、紹興酒甕隧道，以及品酒室。依循參觀動線可先駐足於台灣紹興故事館，在書寫這幾個大字的弧形牆面下，小巧可愛的陶甕排排站，道出酒館早期以紹興為主力的焦點；各式史料介紹紹興酒來源與製程方法，紹興酒歷史一目了然。

埔里酒廠戶外涼亭古色古香，十分有意境。

穿梭酒甕牆　聞香懷古意

來到女兒紅主題區，古式嫁娶的文物陳列十分喜氣，窖藏 16 年女兒紅結合囍酒文化，傳達了喜悅與祝福，牆上的飲酒彩墨畫，也相當有特色。女兒紅從單純飲用酒演變至今，代表著父母對女兒的最深祝福，其中的縷縷情懷值得細細品味。

接著來到最熱門的打卡地點「紹興酒甕隧道」，「引君入甕」4 個大

文物館牆面上的酒窖意象圖是用破酒甕所拼成的，相當有意思。

巨型紹興酒陶甕囊括了埔里酒廠深遠的歷史情懷。

字瞬間讓你會心一笑。甕是儲存紹興酒的首選容器，透過陶甕的毛細孔發揮新陳代謝作用，酒液越陳越香醇，眼前四周一片「酒甕海」，至少有上萬個甕，在昏黃燈光映照下，「酒甕隧道」還在靜靜地呼吸，燈光照映著整齊排列的酒甕隧道，十分有意境。而戶外靜思亭旁的紹興酒陶甕，是1999 年 921 大地震下唯一留存的完整酒甕，見證光榮歷史與劫後餘生的十足可貴。

被全面酒牆包圍　濃郁古早味

走出紹興酒甕隧道，文物館內燈光明亮，整面的大片牆壁，有紹興酒、台灣啤酒、愛蘭白酒，氣勢宏大。

信步走至酒廠戶外區「靜思亭」遺址，周圍是昔日的瓶裝酒包裝線，如今只剩酒甕造型天橋與壓毀的不鏽鋼桶，可以想見貨車大排長龍等候載酒的盛況，一隻昂首矗立的紹興陶甕造景，引發思古悠情。

紹興酒褐色空瓶擺滿牆面，是許多人停下腳步、打卡拍照的地景。

地震、火災劫後重生 風華將再現

造酒祖師杜康

杜康是中國民間行神信仰中，流傳最普遍的酒業祖師。

相傳公元前二千一百年前後，夏代有杜康將未吃完之剩飯，放置在桑園的樹洞裡，剩飯在洞中發酵，傳出芳香氣味，而釀成用酒來。後來杜康更發明了一種用秫（秫就是高粱）釀造酒的方法。

因為杜康釀造的美酒名揚四方，因此一提起杜康，就意味著是講酒，後代人便引為是酒業的祖師。

埔里酒廠特尊奉杜康為酒神，意在祈求造酒祖師杜康福佑釀酒技術日益精進，名揚中外。

製酒歷史的介紹，讓民眾更加了解飲酒背景。

稍加注意，能看到古樸的大地色系小廟，橫匾寫著「酒神杜康」，原來是祭拜把米穀變得芳香誘人的造酒祖師杜康，小廟前左右邊各樹立著1大支紹興、吟釀瓶。紹興、吟釀都是使用米飯為原料，接種麴菌後產生糖化、發酵作用而釀成美酒，代表著埔里酒廠既運用現代科技又保有傳統芬

埔里酒廠獨有的台酒冰棒，混和紹興香氣，來訪遊客人手一支。

禁止酒駕 酒後不開車　安全有保障

2 支酒瓶造景環繞杜康小廟，別有一番風味。

芳的精華酒款，同時傳達著來到這裡，必有美酒可供享用。

　　後方的停車場原是紹興酒裝甕熟成的儲酒倉庫，地震後僅有 8 萬罈，不過是地震前的十分之一，到了 2000 年 3 月 8 日，又受到重建引發火災的波及，員工冒著生命危險進入存放高酒精度蒸餾酒的酒庫搶救紹興酒，8 萬罈降到僅只 1 萬罈，經過真空蒸餾後，取名「淬煉」白酒，讓酒廠員工每次思想起都依然想哭。因此，遊覽埔里酒廠備覺珍惜。

　　結束遊覽行程過後，現在不妨進入展售中心，台酒各廠所生產的特色商品於此都買得到，更有多間在地攤販與埔里酒廠紹興酒合作，製成多元的附加食品，例如酒香蛋糕、紹興滷味、酒蛋等，純香滋味可是成為不少人來南投必買的伴手禮！

INFO

埔里酒廠

產品展售中心

📍 南投縣埔里鎮中山路三段 219 號
📞 049-298-4006*456
🕐 周一～周日 8:30 ～ 17:00

廠區參觀導覽解說

🕐 周一～周五 8:30 ～ 17:00
✈ 傳真至埔里酒廠行政室文書處
　（20 人以上報名才接受預約）
📠 049-298-1861

酒廠官網

酒的故事

天下第一甘泉
成就愛蘭白酒

愛蘭白酒之名稱起源於愛蘭台地出產的愛蘭泉水，它不僅是釀造愛蘭白酒瓊漿玉液的重要推手，更是被指定用來製造日治時代天皇專飲的糯米酒、清酒等御用貢酒，神奇歷史為其增添不少色彩。

埔里酒廠獨家擁有地利之便，鄰近愛蘭泉水，早期日本技師來台，驗證愛蘭泉水的水質清澈，因此給予「天下第一甘泉」之美名，加上埔里地形造就日夜溫差大，極為適合釀酒。

甘甜湧泉與糯米原料、發酵麴菌組合成在地完美風土鐵三角，「愛蘭白酒」選用蓬萊米、糯米、小麥為原料，遵照傳統古法發酵、釀造後，再經真空蒸餾技術擷取酒液最精華部分，裝甕儲藏熟成，識得好酒的人必然想要細細品飲這股得天獨厚的滋味。

愛蘭白酒晶瑩剔透，風味淡雅芬芳，口感醇厚綿軟又甘潤爽口，不但有別一般高粱酒的濃烈，花香層次也比單一純麥威士忌更高、更豐富，底韻獨具一格，

窖藏十二年愛蘭白酒禮盒（富貴壽長）
(0.55L / 50%)

禁 止 酒 駕 酒 後

因而戴上「清香蒸餾酒中極品」的桂冠。原因是埔里酒廠具有紹興酒的蒸餾設備和甕香、糧香基底，點點滴滴都是歲月與手藝精華的累積。

而「愛蘭」如此秀麗典雅的名稱究竟有何種典故？其實愛蘭台地早期為平埔巴宰族群聚落，而巴宰族語稱此地為烏牛欄（Aoran）地，有住在水邊的意思，後來 Aoran 音近「愛蘭」，故改稱「愛蘭地」。

埔里酒廠正因為擁有如此豐富的在地文化及濃厚地方風味，而成功釀造出最能代表南投埔里人文產業特色的「愛蘭白酒」。

特色好物

台灣好酒龍鳳合鳴禮盒
（ 狀元紅 + 女兒紅 ）

精選糯米及來自合歡山系愛蘭泉水釀製而成，調入黑棗、異麥芽寡醣等健康食材，香氣濃郁、酒質甘醇。

(0.5L*2 / 17.5%)

玉泉窖藏 22 年精釀陳紹禮盒
（ 狀元紅 ）

窖藏 22 年以上，深受釀酒師傅特別典藏呵護調製，酒呈琥珀色，手工製作，可稱為「台灣紹興之寶」。(1L / 17.5%)

台酒牛軋糖禮盒（白酒口味）

以天然海藻糖及麥芽糖等原料，加入愛蘭白酒，濃郁的乳香中散發出一股清新的酒香，風味獨特，香醇可口，甜而不膩。

(350g*2)

台酒紹興酒蛋

經過 SGS 檢驗合格的生鮮洗選雞蛋，浸泡在紹興酒及當歸、川芎、肉桂、甘草等高級材料調製而成的浸漬液中。

(1100g；10 組 / 1 組 2 粒)

不 開 車　安 全 有 保 障

好風好景中
一口嚐盡道地與異國美食

繞著 酒廠 找 樂子

埔里酒廠風土美妙，美食也不容錯過，徜徉在和煦陽光下，微風輕拂，湯湯水水分外甘甜，日式庭園和風料理、返鄉青年創意早午餐，還有金牌師傅的手路菜，交織出最難忘的飲食與記憶風景！

車行約 2 分鐘

蘇媽媽湯圓
在地食材古早味

正宗的古早味小吃，價格親民滋味佳，選用埔里酒廠的紹興酒製作美食，精燉肉燥飯麵、埔里米粉都吃得到。堅持手工切出細豬肉條，而不用絞肉，入嘴有酒香，絲絲甘醇，真材實料的口感。鹹湯圓用的是在地香菇，彩色糯米甜湯圓加入不同的 5 種材料，呈現出抹茶綠、紫米紫、紅麴紅、薑黃黃、竹炭黑、蝶豆花藍以及黑白芝麻粉灰等各種顏色，為 QQ 的手工圓仔大大加值。

1. 遵循古法手炒並且經過長時間滷製的肉燥飯，鹹香滋味非常下飯。
2. 渾圓外皮的鮮肉湯圓，吃起來 Q 軟不黏牙，配上大骨熬煮的湯頭，樸實味道令人回味十足。
3. 養生甜湯圓的繽紛色澤全來自天然食材。

蘇媽媽湯圓

📍 南投縣埔里鎮中山路三段 118 號

📞 049-298-8915

🕐 11:00 ～ 20:00　　(休) 隔周三休

許多旅客專程來此體驗日式浴衣，享受異國風情。

車行約 4 分鐘

鳥居喫茶食堂
來場網紅的和風體驗

位置就在酒廠後方，從大馬路上就能看見像牌樓似的鮮明鳥居（torii），日式庭園風的前身是台糖製糖廠，走進建築內部，餐點包羅火鍋、定食、和風小點和甜品。少女心玫瑰牛奶鍋取火龍果汁加牛奶，揉合出美麗的粉紅色澤，飄浮的玫瑰花瓣也能食用；花雕雞特選台酒的花雕酒炙炒雞塊，散發酒香魅力；特調抹茶奶霜、草莓奶霜煥發夢幻色澤。還有浴衣租借體驗、紙鶴祈福，讓你盡嚐日本味。

鳥居喫茶食堂

- 南投縣埔里鎮公誠路 86 號
- 049-299-1882
- 11:30～20:00（周二、四、五～日）
  13:00～17:00（周一、三）

濃厚的日本氣息讓人彷彿置身京都。

車行約 4 分鐘

家味香客家廚房
傳統功夫菜

客家大廚詹志雄是烹飪競技的常勝軍，剛榮獲 2020 年德國 IKE 奧林匹克廚藝大賽個人挑戰優勝，把創意、技法融合進一道道佳餚裡。「黃金塔梅乾一刀肉」傳承梅乾扣肉滋味卻又賦予新意，料理時先將爌肉一層層手工堆疊，並在菜刀切割時轉動五花肉四面，最後堆疊成金字塔，外表霸氣十足，搭配上梅乾菜最合拍，入口十分下飯。紹興醉雞、醉蝦，酒香十足入味，成為饕客必點菜餚。

家味香客家廚房

- 南投縣埔里鎮中山路一段 237-8 號
- 049-298-4268
- 11:00～15:00；17:00～21:00

車行約 6 分鐘

紙教堂
朝聖全球唯一的紙建教堂

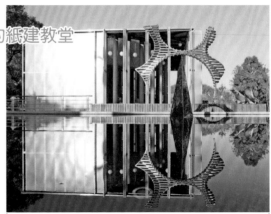

全球唯一的紙教堂（Paper Dome），源於日本神戶，由於受到 1995 年阪神大地震衝擊，建築師運用輕巧紙材設計，迅速組裝，並於台灣 921 大地震後移築到埔里山水之間。紙教堂內部使用 58 根紙管立起搭造成型，外牆採用玻璃纖維浪板構築而成長方形，呈現出簡潔的神聖感，夜間倒映在一泓淺水面上，蔚為浪漫十足的地標與夜景，另外還可到附近的桃米生態村，進行一趟溼地之旅。

紙教堂

📍 南投縣埔里鎮桃米巷 52-12 號

📞 049-2914-922 *12、16(平日)
0972-777-560(假日)

🕐 9:30 ～ 17:30 (周日～五)；9:30 ～ 20:00(周六)

休 周三、四休

菲力牛排早午餐餐點豐富，CP 值高。

車行約 8 分鐘

肆盒院
全日早午餐有新意

青春作伴好返鄉，開店兩年多，肆盒院的早午餐菜單全天候供應。菲力牛排佐優格、蛋、吐司與薯條，彩虹般的配色令人食指大動，人氣最高；限量版的炸雞咖哩飯香噴噴且夠份量，搭配黑米更健康，加入蔬果厚工熬煮的咖哩醬，微辣的口感太迷人，這家店還是熱門的 FB 打卡點和借問站，埔里人的親切流露無遺。

肆盒院

📍 南投縣埔里鎮育英街 141 巷 -1 號

📞 049-242-2279

🕐 11:00 ～ 20:30　　休 周二休

車行約
14 分鐘

多肉秘境
賞多肉做盆栽逍遙行

你是多肉植物控嗎？來這裡就對了！免付門票就能散步石徑上，置身多肉植物園地，並且對著色彩炫麗的大型透明泡泡和地球拍照打卡，讓你的 FB、IG 顯得與眾不同，WOW 聲連連。小盆的仙人掌、石蓮花等植物，銅板價就能帶回家，物超所值，店家還會教導栽種知識，也可參加室內盆栽 DIY 活動，價格 150 元起。這裡是埔里遊覽的熱門新景點，老少咸宜，全然放鬆。

園區內部的夢幻泡泡屋吸睛十足，可愛造型令人流連忘返。

多肉秘境

📍 南投縣埔里鎮中正路 157-4 號

📞 0927-862-262

🕐 9:00 ～ 18:00

廖鄉長紅茶故事館

📍 南投縣魚池鄉新城村通文巷 6-31 號

📞 049-2896217

🕐 9:00 ～ 18:00

車行約
18 分鐘

廖鄉長紅茶故事館
認識紅茶寓教於樂

往日月潭方向前進，昔日 921 大地震前的滿山滿坡檳榔樹，早已被紅茶樹取代。優雅簡約歐式房舍造型的廖鄉長紅茶故事館，是時代的註記，門前庭園有花有樹有涼亭，還有綠色九蛙層層往上疊的藝術景觀作品。館內 2 層樓展示實際的製茶機械設備，介紹製茶過程，並且提供試喝台茶 18 號紅茶、阿薩姆紅茶，兼具知識性與生活趣味，免費參觀，適合全家同遊。

日月潭
清幽攬勝好所在

車行約
24 分鐘

日月潭是名聞中外的風景勝地，也是打造邵族及濁水溪布農族豐富原民文化底蘊的聚落所在。建議安排半日遊，從水社往向山方向騎乘，環繞日潭與月潭一圈，實地感受全球最美十大自行車道。或是搭船遊湖，搭乘空中纜車俯瞰美景，踩踏到水蛙頭步道，就能瞭解九蛙疊羅漢的有趣現象，凸顯了水位落差便於觀測的意義，欣賞鳥語花香與自然生態後，再踱步到老街品嚐原住民美食，就是 Happy Ending！

日月潭

📍 南投縣魚池鄉新城村通文巷 6-31 號

📞 049-289-6217

🕐 9:00 ～ 18:00

搭乘遊艇可欣賞到日月潭的最美風光。

TTL

眉溪

埔霧公路 ❺

公誡路 ❹

中山路三段 ❶

❷

南安路

中正路

桃米路

❸

桃米巷 ❼

埔里酒廠
周邊景點地圖

❶ 埔里酒廠　　　　❷ 蘇媽媽湯圓

❸ 肆盒院　　　　　❹ 鳥居喫茶食堂

❺ 家味香客家廚房　❻ 多肉秘境

❼ 紙教堂　　　　　❽ 廖鄉長紅茶故事館

❾ 日月潭

中潭公路

❻

❽

❾ 日月潭

嘉義酒廠

故鄉總是迷人，
這個高粱酒的故鄉更是令人不禁沉醉。
陶酒甕和紅磚圍牆洋溢的氣息，讓人瞬間穿越至古代，
探討其從早期釀製清酒，到如今以高粱和藥味酒聞名，
則猶如觀賞一部台灣酒的旅程電影。

高粱酒最初現身地
大小網美拍不停

全台第一支高粱酒的產地在哪裡？正確答案是——嘉義酒廠。嘉義酒廠的玉山高粱酒不僅拿下無數國際大獎，與全球烈酒並駕齊驅，廠內由各種陶酒甕、紅磚牆和石猴雕刻營造的復古氛圍，以及豐富收藏的酒文物，更深具旅遊吸引力。

嘉義酒廠的外觀雖然與一般酒廠無異，但圍牆上繪製的竹葉青、五加皮酒瓶圖案，卻能馬上勾起童年時家人歡聚慶團圓的飲酒回憶；而一進到園區，夾道由一個個陶酒甕和紅磚修築的圍牆，瞬間讓人彷彿穿越時空，走入中國水墨畫中；另一側由藝術家所創造的石猴雕刻和大小酒甕所營造出的酒浴愛猴造景，更是小朋友最愛拍照留念的地方，歡樂氣息超濃郁。

高粱酒原料的展示，提供民眾了解製酒的基本知識。

酒浴愛猴石雕，吸引許多大小朋友仔細遊賞。

一探高粱酒故鄉　精華再濃縮

酒浴愛猴的旁邊正是玉山高粱酒文化園區。園區雖然看來像是賣場，實際上，卻包含了收藏酒文物豐富的酒文化館、酒文史館和酒銀行。文化館以較靜態的文字和圖片呈現，看著酒廠一路從早期的釀製清酒、紹興酒，到現今的高粱酒、藥味酒，百年的歷史倏忽而過，就像欣賞一部黑白默片般，靜默中充滿趣味。

走過靜態的歷史軌跡，再往內走，是須先預約才有解說的簡報區，因其上方正是製麴室，飄散而下的麴香，讓空間飄著一股淡淡的香甜味；循香一路走到酒與文創精品館，可以看到酒廠與臺華窯合作的各式限量且高價的酒款，陶瓷瓶身上的手繪圖案，飾以鎏金、雕金，燦爛絢麗，讓人目不暇給之餘，彷彿也聞嗅到一股尊貴的酒香。

整齊排列的酒甕如同大兵一般迎接遊客的造訪。

文創精品館是許多收藏家必訪地點。

巨型酒甕排列，成為打卡聖地。

　　走出酒文物館後，牆面的展示櫃上陳列著嘉義酒廠的鎮廠之寶—28公升陶甕裝台灣高粱酒，不少白酒控專程來一睹其廬山真面目。自1950年11月封存至今，除了陶甕釉色褪色轉灰之外，封條經過時間淬鍊，字跡斑駁，曾有深信「時間就是佳釀」的白酒控願出價500萬收藏，讓人不禁好奇起這瓶由歲月醇化的高粱酒，其極致風味究竟會如何挑起人類嗅覺及味蕾的極限，瓊漿玉液般的價值，可視為至寶。

珍奇酒甕　吸睛十足

　　轉身到了藝文走廊，這裡是旅客必定造訪的景點，3D酒窖彩繪和大型彩繪的陶酒甕，色彩豐富鮮豔，立即讓人心情大好；實體的陶酒甕拉車，拉著一車車彩繪的酒車，虛實相合的奇妙景象吸引不少年輕女孩在此拍照打卡。

　　走廊兩側，除了酒銀行中壯觀的整面陶甕存酒外，最吸引人的當屬其他酒廠少見的不同年份高粱藏酒酒窖。除了一般27、28公升的陶甕高粱酒外，甚至還有高度超出成人腰部以上的5公石酒甕，以類似牛皮紙的厚油紙封口，繃緊的紙面宛如牛皮，用手輕拍會產生宛若蛙鳴、鼓聲的聲響。再往酒窖的底部望去，不少旅客戲稱被囚禁的高粱酒，是比成人身高還高的10公石陶酒甕，2006年封存，預備於2026年開甕，可以想見，屆時將會有一場熱鬧非凡的高粱酒嘉年華。

台灣原窖　力展雄厚成就

　　而這一甕甕各個年份、各個不同倫次及各具風味特色的原酒甕，就是嘉義酒廠比起金門酒廠和隆田酒廠更獨特的優勢，也因此，嘉義酒廠高年份的陳年高粱特別出名。尤其近年嘉義酒廠主力推廣的台灣原窖系列，原酒入甕儲陳不勾兌，單支原酒展現的特殊酒香，在國際賽事如舊金山世界烈酒大賽中大放異彩，充分展現嘉義酒廠釀酒的實力。

　　逐漸被淡忘的竹葉青、五加皮、參茸酒等酒品也是嘉義酒廠所釀造，在白酒中加入藥味材料釀製。在五、六〇年代伴隨著勞動市場創造台灣經濟奇蹟，展露鋒芒，歷久不衰，望著園區裡的陳列，依然能勾起五、六年級生的懷舊回憶。

酒甕拉車與彩繪地板合而為一，虛實相映，十分有趣。

今年剛好滿 70 歲的陳年高粱酒，是酒廠最重要的「老古董」。

INFO

嘉義酒廠
產品推廣中心
📍 嘉義縣民雄鄉福樂村中山路 4 號
📞 05-221-5721*572、573、577
🕐 周一～周日 8:30 ～ 17:00

酒廠官網

DIY 體驗
酒皂製作課程
🕐 周一～周五 9:00 ～ 17:00(須提前 7 天預約；假日不接受預約)
💲 每人 100 元 (可抵用推廣中心產品)

酒銀行
💲 陶甕高粱 5 公升，存酒第一年免費，第二～四年各 1 千元

玉山台灣原窖 8 年陳高
擠下全球白酒奪冠

在愛酒人士的烈酒收藏櫃中，少不了威士忌、白蘭地，以及伏特加；但是，如果你知道嘉義酒廠的玉山台灣原窖 8 年陳高，在國際烈酒競賽中，擊敗全球中式白酒，站上王者之巔，怎能不趕快一飲為快！

再不提醒，許多愛酒人士都快忘了嘉義酒廠所生產的玉山台灣原窖 8 年陳高，曾經在 2018 年舊金山世界烈酒大賽中奪下了雙金，並且擠下全球知名中式白酒產地，拿下最高獎項─最佳中式白酒，和威士忌、白蘭地並列世界八大烈酒之一。

一般威士忌是以麥為原料，而白蘭地則以葡萄為主，釀製蒸餾後陳放於木桶，酒色呈金黃褐色。嘉義酒廠所釀製的白酒，是以高粱釀製蒸餾，最終陳放的器具是陶甕，其色澤呈現透明。一般烈酒為添加酵母釀造，中式白酒則是添加麴塊發酵，因此在酒香之外，還堆疊出很多馥郁悅人的陳年梅果香和辛香氣味，這也是嘉義酒廠空氣中充滿了烏梅味的原因之一。

玉山台灣原窖 8 年陳高
(0.7L / 52%)

禁 止 酒 駕　　　酒 後

和台灣其他高粱產地如金門、隆田酒廠相比，差別就在烈酒控最愛討論的風土論。嘉義位於玉山、阿里山與台灣海峽之間，面對廣大的嘉南平原，加上有北回歸線通過，因此白天溫度高，晚上阿里山雲霧下沉、溫度下降，故擁有得天獨厚釀製白酒的絕佳環境，尤其在製麴技術上，嘉義酒廠採自然落菌製麴，原本空間中就充滿了優勢菌種，大塊麴餅的表現也優異，因此嘉義酒廠的白酒陳年梅果香味更為豐厚。

特色好物

玉山台灣原窖高粱酒
(109 年春節紀念酒）

酒齡窖藏 5 年以上，融合熟梅、香草氣味窖香，入口後猶如水梨般的甘潤清甜，口感甘醇細緻，杯底有清爽的青梅果香。
(0.75L / 52%)

玉山頂級陳高禮盒

特選優良高粱、天然麥曲為原料，採傳統工法結合現代科技，經陶甕貯 5 年自然熟陳，芳香甘冽，清爽可口。
(0.66L+0.08L / 50%)

台酒玉山大曲八年甕藏禮盒（藍鵲）

精選大麴原酒以黃金比例甕藏 8 年以上，口感濃冽有勁，飲後空杯留香久存不散，帶有獨特的醃醬梅香和蜂蜜蛋糕的甜香，甘潤細緻，風味醇厚。
(0.6L / 59.5%)

雙鹿五加皮懷舊紀念酒

以高粱酒為基酒，輔以五加皮、紅麴及多種材料為原料，酒液呈棕紅色，酒香濃郁、藥味香與酒香協調、酒醇味厚，此款為配合台灣菸酒公司成立60 週年所推出的復古紀念款。
(0.6 L / 42 %)

不 開 車　安 全 有 保 障

繞著酒廠找樂子

漫步日治時期檜木屋舍
禪風綠意好時光

嘉義酒廠位於嘉義民雄鄉，當地著名的特產鵝肉，聞名全台。吃完鵝肉，驅車前往嘉義市東、西區各景點，不論是檜意森活村重現禪風綠意，亦或台灣花磚博物館，蒐羅日治時期花磚、花磚家具等，一磚一天堂，舊時工藝的美好盡在眼前。

車行約
4 分鐘

北斗鵝肉店
在地老饕最愛

嘉義鵝肉聞名全台，民雄火車站附近更形成鵝肉一條街，不過，在地老饕更愛距離嘉義酒廠不到 10 分鐘路程的北斗鵝肉店。菜單上除了一般白切鵝肉、下水等傳統料理外，以鵝肉為主角的各式熱炒下酒菜也不少。鵝肉直接水煮，水中不加任何中藥材、調味料，鵝隻選擇 100～110 天大小，當天現殺，強調不使用冷凍鵝，鵝肉煮滾後、關火燜煮的時間，則完全仰賴老闆的經驗控制。

北斗鵝肉店

📍 嘉義縣民雄鄉北斗村北勢子 73 號

📞 05-221-6119

🕐 10:30 ～ 20:00

休 周一休

當地鵝肉皮厚膠質多，肉質細嫩多汁。

車行約
6分鐘

五妹的店
原味餐飲藝術

五妹的店前有庭院、後有花圍，暖色鮮豔的牆面，加上彩繪，頗有歐洲鄉村風。

店內一樓是餐廳，二樓是服飾店，家庭式菜色強調新鮮烹煮，不加額外調味料與味素，盡可能提供原味。店內的紅燒牛肉牛筋煲、挪威鮭魚排、泰式椒麻雞、農夫菜雜糧蒸等都是招牌，其中看似簡單的農夫菜雜糧蒸僅以簡單快火蒸，保留蔬菜濃厚原汁原味，沾上自製薑醬和芝麻醬，香甜可口。

五妹的店

◎ 嘉義縣民雄鄉北斗村北勢子 20-30 號

☎ 05-213-3187

🕐 11:00 ～ 14:00；17:00 ～ 21:00

休 周一休

檜意森活村

◎ 嘉義市東區林森東路 1 號

☎ 05-276-1601

🕐 10:00 ～ 18:00

車行約
9分鐘

檜意森活村
滿滿的日式風情

檜意森活村由 29 棟木造日式建築物群聚而成，黑瓦、檜木造的屋舍飾以植栽、綠樹，渾然天成的靜謐，吸引不少海內外旅客。日治時期，林業開發所在此建造官方宿舍，以阿里山檜木為材料，以利就近開發阿里山林業。

目前的檜意森活村中有不少文創品牌進駐，特色十足生意活絡，許多店家在傳統典雅的黑瓦木造建物上，疊加現代創意公仔和艷麗店招暖簾，為原本的靜謐添加趣味。

具有百年歷史的日治建築群，構築成一個完整的休閒玩樂園區，很適合親子同遊。

藤材編織的走道就像是穿越山洞妙境般，襯托出平地與山林緊繫的自然生態。

車行約
10 分鐘

森林之歌
以藝術再造林業鐵道榮景

距離檜意森活村步行 15 分鐘距離的嘉義市新地標—森林之歌，是藝術家王文志延續嘉義市林業之都的概念，以林務局提供的木材、鐵軌、黃藤等建造而成的大型裝置藝術。

由黃藤纏繞而成的廊道和木頭塊狀拼貼而成的馬賽克高塔，是旅人取景之地；走逛其間，從各種材質透進來的光線折射格外動人。除了大型裝置藝術，大塊草地更吸引不少人在此或躺或坐，悠閒享受時光。

森林之歌以木頭環繞主體，象徵著一處神木盤據、清靜無憂的心靈高塔。

森林之歌

📍 嘉義市東區文化路

📞 05-277-9843　🕐 全日開放

車行約 12 分鐘

台灣花磚博物館
重現花磚繁華

台灣花磚博物館，讓人不著迷都難，館內收藏的花磚都是在老屋拆除前搶救下來的，這些花磚是日治時期 1915 ～ 1935 年之間的作品，完全日本製，在當時只有富人顯貴才能使用，二次世界大戰後，日本全力投入戰爭，花磚製作也就停止了。

一樓展示千片百年花磚，以及當今台灣工匠仿舊繪製的新品，二樓則以花磚家具為主，欣賞這百年來依舊維持著鮮豔釉色的花磚，保證你流連忘返。

台灣花磚博物館

- 嘉義市西區林森西路 282 號
- 0905-012-390
- 10:00 ～ 17:30
- 周一、二休，如遇國定假日則往後延

幸福山丘

- 嘉義市東區東義路 566 巷 52-1 號
- 05-276-5080
- 10:00 ～ 18:00
- 周一、二休

車行約 12 分鐘

幸福山丘
在半山腰喝下午茶

幸福山丘位於半山腰上，開車前往會誤以為進了深山，其實卻是在賞桐勝地的圓林仔社區內，園區分成印簿玩展演空間、山丘咖啡屋、幸福草原和幸福步道等。

甜點食材強調使用法國進口 AOP 產地認證鮮奶油和日本十勝當地的乳製品，以新鮮水果調味，隨著季節推出具時令感的水果塔和麵包，水果塔上誠意十足地放滿水果，吃得到塔皮酥香、奶餡軟滑，酸香微甜的水果很解膩。

車行約
13 分鐘

二丫頭麻辣涼麵
美奶滋添味嘉義獨有

除了聞名全台的鵝肉和雞肉飯之外，只有嘉義人才知道的美奶滋涼麵吃法，也是全台獨一無二。加上美乃滋的涼麵多了點甜潤酸香，吃來不膩反顯爽口，是專屬嘉義人的美好滋味。

麻辣涼麵加入了美奶滋，多了甜潤酸香，味道一點也不膩，反而更清爽。

二丫頭麻辣涼麵

📍 嘉義市東區民族路 170 號

📞 05-222-5437

🕐 9:00 ～ 20:00

因為老闆是四川人，所以二丫頭的涼麵也加入了麻辣醬，另外還有麻辣香腸、豆腐香腸和湖南臘肉等，都值得一試。

車行約
19 分鐘

蘭潭月影潭心
走逛藝術賞夜景

蘭潭位於嘉義市，生態資源豐富，夜晚可以欣賞市區夜景，加上藝術家土文志針對蘭潭所設計的大型裝置藝術「月影潭心」也位於此，成了嘉義著名景點。

「月影潭心」的廊道和鳥巢都由鋁片編織而成，位於裝置藝術正下方的則是陶製圓潭水滴，象徵蘭潭水源源源不絕，無論白天或晚上，在此遠眺或散步都有不同感覺，晚上會有 4 段燈光變化，如入魔幻之境。

蘭潭月影潭心

📍 嘉義市東區鹿寮里紅毛埤 187-4 號

📞 05-224-8917

🕐 全日開放

嘉義酒廠
周邊景點地圖

① 嘉義酒廠　　② 北斗鵝肉店
③ 五妹的店　　④ 幸福山丘
⑤ 二丫頭麻辣涼麵　⑥ 台灣花磚博物館
⑦ 森林之歌　　⑧ 檜意森活村
⑨ 蘭潭月影潭心

善化 啤酒廠

屋瓦片與白牆直接道出了南台灣的幾抹過往，
也穿越時空回到許多人過去的甜美時光，
童年時健素糖的懷舊氣味中，
飄盪著外國酒商為之驚恐的啤酒生產力。
一枝彩繪的筆、幾個鋁罐人偶，
就如同街邊彩繪藝術牆的童趣，
讓人不禁莞爾一笑。

酒廠見學

穿越時空造訪童年
懷舊健素糖氣味

早期還是菸酒專賣的年代，台灣啤酒就在台灣人心目中奠定王者地位，即使在國際知名啤酒品牌大舉攻台的今日，台灣啤酒也都穩占 6、7 成市占率，而這被外國酒商視為「怪物級」競爭對手之重要生產地—善化啤酒廠，究竟蘊藏著何種魔力？

善化啤酒廠是全台第一家以「啤酒」為主題的觀光工廠。

才剛走進善化啤酒廠，空氣中就飄散著記憶中依稀聞過的氣味，那是酵素的味道。因為啤酒使用酵母菌發酵，而發酵產生的氣味，跟早期的健素糖相似。對五、六年級生而言，用酵母粉做的健素糖，絕對是他們最難忘的幼年零食，來到善化啤酒廠，可以重溫舊夢。

在啤酒文物館　認識台灣啤酒

北竹南、中烏日、南善化，身為台灣啤酒南部生產重鎮，善化啤酒廠早在 2005 年就朝觀光工廠方向發展，所以廠區內四處可見精心設計的啤酒罐人偶，有男有女，甚至還有尿尿小童模樣，詼諧逗趣，吸引遊客競相與這些人偶合拍，儼然成為善化啤酒廠的代言人。

啤酒文物館是認識台灣啤酒的最佳捷徑，館內陳設整套釀製啤酒設備，除了文字解說，還設有多媒體導覽，輕輕一點，即可瞭解釀造啤酒的流程，而玻璃櫥櫃裡蒐藏的台啤紀念版與販促小物也很吸睛。遊罷啤酒文物館，別忘了到館外的桶裝啤酒牆拍照打卡，這裡除了有 2 米多高的桶裝啤酒牆當背景，酒廠還精心設計打卡看板，拍起照來一定更有 fu。

令人嘆為觀止的啤酒工廠

啤酒文物館只能算是善化啤酒廠見學的初級班,若想更深入瞭解台灣啤酒,建議事先跟酒廠預約參觀廠區。首先進到發酵大樓,映入眼簾的是超大糖化槽,槽身上方還有一根直通天花板的圓管,斗笠形的糖化槽羅列在廠區,猶如外星人的幽浮,大開眼界之餘,還可感受那奇幻氛圍。

參觀廠區的途中,還會看到好幾座屋外發酵槽,此時,你或許會覺得奇怪,啤酒不是要在低溫環境下發酵嗎?太陽直射下的發酵槽要如何達到低溫呢?原來秘密就在發酵槽的結構,發酵槽的外表像瓦片的覆蓋物,可是具備隔熱功能的特殊材質,採用的科技含量還挺高的咧!

在未抵達包裝工廠前,你就會聽到玻璃瓶在輸送帶上行進時發出的鏗鏗聲響,透過大面積落地窗,可鳥瞰整個廠區,只見輸送帶從一台又一台的機器中,將啤酒送出,進到下一站,途經洗瓶機、裝酒機、貼標機、殺菌機等,每個環節均有專人負責。為應付市場需求,善化啤酒廠的生產線幾乎天天運作不停歇,裝瓶裝箱後的台灣啤酒,用堆高機疊置在倉庫,巨大的黃色啤酒箱牆高度甚高,望之壯觀,伸手不可及呢!

大型發酵槽尺寸龐大,高達兩層樓。

禁止酒駕 酒後不開車 安全有保障

鋁罐人偶相當可愛,吸引大小朋友駐足觀賞。

易洗樂系列清潔用品

除了生產啤酒，近年來善化啤酒廠也朝生物科技發展，設有生技廠，利用啤酒釀造過程副產物啤酒花粕萃取液具有的天然抑菌效果，開發一系列易洗樂清潔產品，從洗潔精、洗衣精到洗碗精，通過環保標章潔淨認證，完全以環保原料製成，潔淨、溫和、不傷手，不會對環境造成傷害，若你想用行動愛地球，臨走前，除了啤酒，也別忘了多帶幾瓶易洗樂系列產品。

禁 止 酒 駕 酒 後

INFO

善化啤酒廠

產品推廣中心

📍 台南市善化區成功路 2 號

📞 06-583-8511*700

🕐 周一～周日 9:00 ～ 17:00

酒廠官網

廠區參觀導覽解說

🕐 周一～周五 9:00 ～ 11:00；14:00 ～ 16:00

📞 06-5838511*441 （須事先預約）

善化啤酒廠提供大量桶裝生啤酒予各大餐廳。

事先申請預約可一覽
啤酒生產過程。

不 開 車 安 全 有 保 障

酒的故事

18 天台灣生啤酒
上青才敢大聲

什麼叫做「上青」？敢將賞味期訂在 18 天，並全程在 0 ～ 7 度冷藏保鮮，猶如鮮奶與生魚片般珍貴，若說它第二，恐怕沒有人敢說自己是第一。

18 天台灣生啤酒（0.6L / 5%）

18 天生啤酒最早的名稱是金牌台灣 18 天生啤酒，後來經過原料的調配、改款，讓口味更順口，於是改名為現今炙手可熱的 18 天台灣生啤酒。

這款被台北人稱作「傳說中的啤酒」，一開始只有在竹南及烏日啤酒廠生產，因為保鮮期短，加上運送路程上還須保持在低於 7°c 的冷藏環境，遠比一般啤酒不易保存，因此，對於北部人來說，這款啤酒可是有錢也不一定買得到的呢！但後來因 18 天生啤酒實在廣受好評，因此各啤酒廠皆開始生產，而善化啤酒廠即為目前產量規模最大的啤酒廠。

18 天生啤酒精心挑選大麥芽、蓬萊白米和啤酒花 3 種原料，以優良品種的酵母菌於低溫發酵，一般啤酒要經過巴氏殺菌，才能達到 6 個月的保存期限，但 18 天台灣生啤酒並無經過這道程序，所以它的保鮮時間

禁 止 酒 駕 酒 後

很短,而 18 天正是它的最佳賞味期限;從另一個角度看,也因為賞味期短,才能保留啤酒的最多營養與麥香味,所以 18 天台灣生啤酒可說是最具啤酒味的啤酒了。

除了保留了啤酒的原始風味,18 天台灣生啤酒也沒有台灣啤酒偏重的苦味,而是順口回甘,而且因為新鮮,全程低溫保鮮,所以喝起來格外順暢,如此高品質、超新鮮的生啤酒,讓它成為臺灣菸酒公司一顆閃亮的巨星。

特色好物

金牌台灣啤酒

清甜雅致的大麥芽香,搭配啤酒花獨特的香氣,風味清新、甘醇清爽,淡淡的苦味,整體口感,平衡且順口。(0.6L / 5%)

成功啤酒

＊僅在台南古蹟景點販售

善化啤酒廠專為台南市文化局代工的紀念款啤酒,結合舊稱成功啤酒廠與鄭成功,雙重成功加持,內容物同金啤台灣啤酒。(0.33L / 5%)

易洗樂洗潔精

易洗樂洗潔精採用啤酒花專利配方,具環保、潔淨、不殘留的特性,一推出即廣受家庭主婦好評,產品生物分解度 > 95%,通過環保標章認證。(0.72L)

易洗樂抗菌防蟎洗衣精

易洗樂洗衣精使用洗淨力佳、植物性之陰離子型界面活性劑,搭配啤酒花配方,散發柑橘香氛,潔淨去汙,抗菌率 99% 以上,且產品對皮膚刺激性低,適合幼兒及敏感膚質者之貼身衣物清洗使用。(2L)

不 開 車　安 全 有 保 障

繞著酒廠找樂子

龍貓幾米好療癒
美食冰品好料多

善化啤酒廠周邊吃、喝、玩、樂真不少，除了沈光文紀念碑，位於南科的幾米一許諾之地、樹谷生活科學館和龍貓彩繪村，也都值得一遊；接著大啖麻油雞鍋、龍膽石斑米粉、杏仁豆腐冰，最終再帶著啤酒酵母麵包返家，可謂幸福滿點！

位於
酒廠內

築夢園
啤酒酵母製作的麵包與饅頭

築夢園位在善化啤酒廠內，是為了照顧中高齡勞工，配合多元就業方案創設的餐廳，因為與酒廠為鄰，於是發展出不少與啤酒相關的美食，如酒香牛肉麵和啤酒豬腳套餐，因風味獨特，成為店內中西料理的兩大天王。

築夢園也做烘焙，以啤酒酵母替代烘焙用酵母製作麵包和饅頭，由於啤酒酵母為液態活菌，烘焙出的麵包，不但口感軟Q，還帶點酒香，經常一上架就被秒殺。

築夢園

📍 台南市善化區成功路 2 號

📞 06-585-2377

🕐 9:00 ～ 20:00

休 周二休

啤酒酵母麵包天然健康，是熱銷商品。

牛肉以特調藥材熬煮 8 小時，口感軟中帶 Q，湯頭鮮甜濃厚。

那個年代杏仁豆腐冰
滑嫩口感天然杏仁香

車行約 4 分鐘

因為從小愛吃杏仁豆腐，老闆義無反顧投入這個行業，並堅持以南杏、北杏加上美國加州杏仁果，研磨壓榨成汁，熬煮杏仁漿，再製成杏仁豆腐。

招牌商品杏仁綜合玉露裡，除了杏仁豆腐外，還加了紅豆、芋泥和薏仁，紅豆顆粒飽滿，入口鬆軟綿密；芋泥的甜度和軟度均恰到好處；薏仁的香氣則讓整體美味更為完整。

那個年代杏仁豆腐冰（善化店）

- 台南市善化區中山路 45-1 號
- 06-585-6228
- 13:00 ～ 21:00（平日）
  12:00 ～ 21:00（假日）

冬季限定的燒麻糬，撒上芝麻花生粉，Q 彈口感香氣十足。

布丁杏仁綜合牛奶冰中獨家製作的布丁入口即化，奶香味重。

綜合杏仁玉露配料豐富，杏仁豆腐軟嫩滑彈。

新萬香餐廳
傳統台菜餐廳用料上青

車行約 5 分鐘

善化雖然不靠海，但卻有標榜尚青ㄟ新萬香餐廳，老闆由開麵店、做辦桌起家，迄今已 38 個寒暑，是當地老字號。

新萬香主攻台菜，蜜汁鯽魚、白鯧米粉、酸菜雙層腸等，都是來店必吃老台菜，其中將魚刺燒煮到完全軟化的蜜汁鯽魚，鹹鹹甜甜，很對南部人胃口；新萬香雖主攻台菜，但餐廳卻無菜單，客人要到海鮮櫃挑食材，再請師傅烹調料理，點菜方式有點像海產攤。

新萬香餐廳

- 台南市善化區民生路 432 號
- 06-583-6569
- 11:00 ～ 14:00；17:00 ～ 21:00

1

2

1. 白鯧米粉使用新鮮大白鯧魚，湯頭有豐富海味及淡淡甜味。
2. 蜜汁鯽魚骨頭酥香，用筷子輕輕一撥即與魚肉分開。

車行約
5 分鐘

沈光文紀念碑
台灣孔子碑前祈求金榜題名

沈光文何許人也？他在明永曆年間漂洋過海來台，在目加溜灣 (即現今善化區) 授業教化、濟世行醫，宣揚儒家思想，由於教育不分貴賤、漢番，有教無類，被稱為「台灣孔子」。

善化火車站旁的紀念碑，是為了緬懷沈光文對推動台灣社教文化的貢獻而建，這裡環境清幽，林木蓊鬱，相當舒服，現場也免不了架設金榜題名的銅鑼，供考生祈福用。

沈光文紀念碑

◉ 台南市善化區建業路與光文路交叉口

🕐 全日開放

車行約
7 分鐘

龍貓彩繪村
輕聲步入龍貓卡通世界

台灣彩繪村何其多，但像大內區石林里這座以龍貓卡通為主題的彩繪村，可是僅此一家、絕無僅有。

進入彩繪村前，所經過的龍貓公車站，可是真的站牌喔！只不過即使等到天荒地老，也不會有龍貓巴士進站就是了。等不到龍貓巴士也別氣餒，循著指標進到彩繪村，還是有不少龍貓彩繪等著你發掘，但因彩繪村的房屋內多有人居住，遊客參觀拍照時請放低音量，以免影響居民作息。

造型可愛的龍貓彩繪村，吸引不少電影粉絲前來一睹風采。

龍貓彩繪村

◉ 台南市大內區石林里 131 號

🕐 全日開放

廳舍餐廳
在台糖舊房舍裡大啖麻油雞

車行約
8 分鐘

廳舍餐廳

📍 台南市善化區
溪美里溪尾 234-4 號

📞 06-581-2126

🕐 11:00 ～ 14:00
17:00 ～ 20:30

休 周一休

善糖文化園區內有一間超人氣的老屋餐廳，由於這棟建物過去是台糖的辦公「廳」，也曾當作台糖員工宿「舍」，業者取得經營權後，即以「廳舍」二字為餐廳命名。

大走文青風的內部設計話題十足，不事先預約可是吃不到的呢！

原本長滿壁癌的牆面，經工匠巧手雕琢，不但將白牆底下的紅磚裸露出來，白牆上更刻畫出 16 位對台灣糖業有貢獻的歷史人物，老屋、古人加上香噴噴的麻油雞鍋，形成一種獨特的用餐氛圍，令不少人趨之若鶩。

幾米—許諾之地
如果我能許一個願望

車行約
11 分鐘

台積電與插畫家幾米合作，在南科台積電湖濱雅舍旁興建名為「許諾之地」的小公園，設計概念取自幾米繪本《如果我可以許一個願望》，在土裡埋下一顆夢想種子，每天許下一個小願望並且認真實現，種子就能得到賴以為生的養分，長出美麗的愛心樹葉，作為辛勤澆灌的回報。

小公園環境特別清幽，除了綠蔭植栽，還有各式各樣的裝置藝術，營造出童話故事般的夢幻場景，美不勝收。

幾米——許諾之地公園

📍 台南市善化區南科七路 18 號

🕐 全日開放

善化啤酒廠

館內不定時舉辦不同主題的特展，保持遊客們的新鮮感。

樹谷生活科學館

📍 台南市新市區中心東路 12 號

📞 06-589-4800

🕐 9:00 ～ 17:00

休 周一休

車行約
13 分鐘

樹谷生活科學館
從遊戲中汲取新知

　　位於台南科學園區的樹谷生活科學館，是一座以生物、考古與科學為主軸的博物館，除了有小朋友最愛的恐龍與長毛象化石，還有人類科學演進的介紹，具備寓教於樂功能。

　　館外還有冒險體驗場與樹谷農場，前者規畫有閃電橋、U 型繩、滑索等多項關卡，扣上扣環即可展開冒險旅程；後者則可騎馬、餵小羊喝奶，近距離與溫馴的小動物接觸，適合親子同樂。

善化啤酒廠周邊景點地圖

1 善化啤酒廠　　2 築夢園
3 新萬香餐廳　　4 那個年代杏仁豆腐冰
5 沈光文紀念碑　6 廳舍餐廳
7 樹谷生活科學館　8 幾米-許諾之地公園
9 龍貓彩繪村

南181

曾文溪

建業路

光文路

善化車站

成功路

第二中

葫科九路

TTL

141

隆田酒廠

甕裡乾坤大，壺中日月長，
從路口的巨大台灣高粱酒瓶開始，
這裡的藥味酒香，
不僅拉近了旅人與養生北蟲草的距離，
更與其鄰近的美景勝地，
共同流瀉出邀請你來一度悠閒時光的況味。

鹿影酒踪
探索北蟲草的祕密基地

冬蟲夏草，夠養生吧！2012 年隆田酒廠成功培育出的北蟲草，更勝一籌。釀製出蟲草養生藥味酒，成為全國唯一結合生物科技與釀酒技術的藥味養生觀光酒廠，不僅有北蟲草秘密基地，還有立體透視感的酒窖圖，探索隆田酒廠真奇妙。

從省道台 1 線拐個彎，就會看到玉山 58 度台灣高粱酒的巨大酒瓶矗立在路口，這裡正是隆田酒廠。大門那面長牆近期剛完成一幅頗具在地意象的彩繪，除了水雉、菱角田和葫蘆埤吊橋外，還有象徵酒廠的酒窖，具立體透視感的酒窖圖格外突出，不僅吸引遊客爭相拍照，也讓人心生探訪隆田酒廠的熱切念頭。

甕裡乾坤大
壹中日月長

酒廠大門彩繪出氣勢磅礴的酒甕圖。

美景彩繪相隨　歡度悠閒時光

一進到酒廠，就聞到空氣中飄來陣陣藥味酒香氣，原來隆田酒廠是台酒公司生產高粱酒和藥味酒的重要基地。其實早在日治時期，此地就被日本人用來製造酒精、提煉飛機燃料，這也造就了隆田酒廠釀造高粱、伏特加這類高酒精濃度蒸餾酒的高超技術；藥味酒則是因應國人養生需求，自 1984 年起陸續推出鹿茸、菊花、龍鳳等藥味酒。不得不說的是，紅極一時的鹿茸酒與當地興盛的養鹿業有著密不可分的關係呢，怪不得廣場噴水池前，站立著兩隻梅花鹿雕像。

現代人喜歡拍照打卡，除了大門口的巨幅彩繪和噴水池前的兩隻梅花鹿外，養生酒文化園區繪有酒甕的牆面，古色古香，同樣也是打卡拍照的熱點，隨便擺個 pose，怎麼拍怎麼美。

廠　酒　田　隆

隆田酒廠大門的兩隻梅花鹿，象徵台南地區早期產鹿盛況。

玩累了，旁邊還有一座新落成的「聚香亭」，供遊客乘涼小憩，遊逛酒廠十分悠閒自在。

聞香淺酌　深入酒窖禁地

　　養生酒文化園區裡除了有圖片、文字詳述酒文化與酒知識外，還可以直接聞香喔！遊客來到藥味酒聞香區，直接打開玻璃瓶蓋，一股香醇的酒香撲鼻而來，一旁有許多原料的介紹，以及高粱、小麥、大麴等釀造高粱酒的 3 種主要原料；如果覺得光聞

藥味酒館的五感體驗讓你深度了解酒知識。

到高粱酒窖可參觀超過成年人半身的巨型酒甕。

還不過癮，就請移駕展售區試喝看看，不論是清香的高粱酒、還是藥味香醇厚的蟲草酒，只要你已年滿 18 歲，都可以免費品嚐喔。

如果覺得養生酒文化園區的聞香淺酌體驗，還是不夠盡興，來來來，報給你知，只要你事先預約報名工廠導覽解說行程，就可以在酒廠導覽人員的引領下，光明正大地進入平日大門深鎖、不見天日的酒窖禁地，這可是人生難得的神奇體驗呢。踏進酒窖，一股寒氣迎面而來，打開燈，巨大的酒甕如閱兵般整齊排列著，數量多到難以計數，相當壯觀，那些可都是精挑細選出的最優質高粱酒，酒齡從 3 年至 7 年以上不等，酒齡愈長，價格也愈高。

高粱酒雖然源自於中國，但隆田酒廠的台灣高粱酒與中國高粱酒並不盡相同。酒廠精選高粱與小麥為原料，利用掐頭去尾的蒸餾工藝，擷取第二次蒸餾酒質特優的酒液，所以稱二鍋頭，酒質清香純淨、甘洌醇厚，可謂高粱酒中的極品。

與北蟲草最近的距離

7 年多前，隆田酒廠培育北蟲草、製作出蟲草養生酒時，造成不小轟動，因為北蟲草富含比冬蟲夏草高二倍的蟲

在北蟲草培養室可一覽蟲草生長狀況。

草素，而蟲草素正是養生的重要元素，如此珍貴材料，當然要趁著有導覽人員帶路解說的機會，直衝北蟲草培養室一窺究竟。

　　打開北蟲草培養室大門，透過玻璃窗望見一罐罐玻璃瓶內裝著金黃略帶橘紅色的細長物，頂頭還有燈光直射著，這便是光照培養階段的北蟲草。其實北蟲草培養過程相當繁瑣，先要有培養基，然後經過蒸煮滅菌、冷卻、接種，在暗室培養的環境下長出菌絲團，最後才轉色、成熟，並拿來釀製蟲草養生酒，相當不簡單。因此，到隆田酒廠賞遊，一定要在揭開北蟲草盧山真面目後才能告一段落喔！

INFO

隆田酒廠

產品推廣中心

📍 台南市官田區中華路一段 335 號

📞 06-579-1311*521

🕐 周一～周日 9:00 ～ 17:00

廠區參觀導覽解說

🕐 周一～周五 10:00 ～ 16:00

📞 06-579-4669、
06-579-1311*521、394、443
(20 人以上報名才接受預約)

酒廠官網

147

酒的故事

玉山鹿茸酒
珍貴材料釀製而成

隆田酒廠的玉山台灣鹿茸酒，自問市以來歷久不衰，由於民間傳說鹿茸具優質效能，加上價格親民，讓它在台灣菸酒公司藥味養生酒的地位，始終屹立不搖。

不說你或許不知道，隆田酒廠所在地—台南，可說是台灣重要的養鹿基地，養鹿場 67 戶、養鹿數 3548 頭，居全台第二；而且早在 400 年前，台南就是水鹿與山羌的樂園，明鄭以後，漢人大量渡海來台，開墾山林，野鹿資源才逐漸枯竭，因此，鹿茸酒與隆田酒廠其實有著密不可分的關係呢。

鹿茸是製作鹿茸酒的重要材料，它可不是鹿耳朵裡的毛，而是雄鹿剛生長出來，帶有蠟質密生茸毛的幼角，內部充滿血液，摸起來柔軟溫暖。鹿茸被民間視為養生聖品，而且鹿又與「福祿壽」中的祿同音，象徵加官晉爵，這些因素都促使台灣人偏愛以鹿茸酒來養生。

隆田酒廠占地利之便，生產的玉山台灣鹿茸酒自然大受歡迎。玉山台灣

玉山台灣鹿茸酒 (0.3L / 25%)
玉山龍鳳酒 (0.3L / 34%)

禁 止 酒 駕 酒 後

鹿茸酒以米酒頭為基酒，再加鹿茸、當歸、枸杞、黨參、肉桂、山藥等 16 種珍貴材料，藥味香濃郁、風味甘醇，入口後，有一股暖流從胃底升起。雖說鹿

茸酒屬於藥味酒，但喝起來並沒有惱人的苦味，反而在喉韻中帶有回甘味，可說是臺灣菸酒公司著名的長青酒品呢。

特色好物

玉山蟲草養生酒

以優質高粱酒為基酒，以人參、鹿茸、與酒廠精心培養的北蟲草子實體等 25 種珍貴材料調製而成，為上等養生藥味酒。
(5.4L / 25%)

玉山瓷瓶二鍋頭

精選高粱及優質小麥為原料，遵古法釀製，擷取蒸餾過程中香氣最精純段的酒液，精心勾兌調製，風味天成、甘冽醇厚、回味有勁，為高粱酒系列之極品。(2L / 54%)

玉山清香高粱酒

於 2020 年 SFWSC 舊金山世界烈酒大賽拔得頭籌，獲得世界最佳白酒 (Best Baijiu)，甜美伴隨著清雅香氣，帶有香蕉、蘋果、水梨等水果的香甜氣息，口感綿甜爽淨、自然柔和，絕對是 CP 值超高、值得回味的高粱。（0.6L/43.5%）

蔬果純釀發酵液

嚴選新鮮蔬果並加入漢方草本等共 60 種植物蔬果作為原料，以獨家菌種配方，經 6 個月以上發酵，綜合多種蔬果精華，可補充營養，調節生理機能，使排便順暢。(0.6L)

不 開 車 安 全 有 保 障

繞著酒廠找樂子

天然好景致
庶民小吃全境飄香

隆田酒廠所在地官田是全台埤塘最密集的地區,烏山頭水庫與葫蘆埤的湖光水色相當誘人;官田也是菱角的故鄉,任何時間造訪,都可以品嚐到菱角冰,而隆田車站前的鍋燒意麵和豆花,也是遊客不辭千里、慕名解饞的庶民小吃。

車行約 3 分鐘

小菱居
融入在地特色的老宅餐廳

小菱居是一間精緻的老宅餐廳,擁有獨立庭院的老房經過改建、整修、裝潢、植栽後恢復了生機,不論戶外或室內,處處可見主人精心擺設後所營造的質感。

小菱居的主人因務農落腳官田,除了務農,他還發揮巧思,運用在地食材,搭配巧手創意,將自家栽植的台南 13 號香米、無毒小農菱角、人道飼養雞蛋、柳營鮮奶等,融入菜色中,美味又健康。

柚香嫩煎雞鮮嫩又多汁,沾上店家特製的韓式香柚醬更增添清爽風味。

小菱居

📍 台南市官田區四維街 1 號
📞 06-579-5570
🕐 10:00 ～ 18:00
休 周一、二休

車行約
4分鐘

錢來也商店
古早味零食童玩柑仔店

從北門發跡的錢來也商店，在葫蘆埤自然公園開設第二家店，延續北門錢來也復古雜貨店的特色，店裡有五花八門的古早童玩和零食，吸引不少大、小朋友進店尋寶。

為了配合官田菱角特色，店家推出菱角冰淇淋，口感比一般冰淇淋清爽，而且還吃得到菱角的顆粒；另外摻鹽的旺yea 沙士，也是錢來也商店的人氣飲品，由於沙士內自帶鹽分，喝起來更暢快。

錢來也商店

📍 台南市官田區中山路二段 207 號

📞 06-786-2627

🕐 9:00 ～ 17:00（平日）；9:00 ～ 18:00（假日）

振昌豆花城

📍 台南市官田區中山路一段 42 號

📞 06-579-1081　🕐 8:30 ～ 22:00

車行約
4分鐘

振昌豆花城
香氣口感超獨特

在隆田車站旁開業 30 年的振昌豆花城，最為人津津樂道的，就是老闆堅持使用非基因改造黃豆，自行研磨豆漿再製成豆花，冰冰涼涼的豆花，成為在地人清涼消暑的最佳甜品。

除了原味豆花，老闆還開發布丁、牛奶和巧克力等 3 種口味的豆花，每種豆花都有不同的香氣和味道，老闆特別熬煮摻了可可的糖水，甜度較二砂糖熬煮的糖水稍低，更能提出三色豆花的獨特風味。

車行約
4分鐘

林鳳營落羽松
忽黃忽紅的層次美

林鳳營落羽松

📍 台南市六甲區省道台一線林鳳營段

🕐 全日開放

每逢 12 月底至隔年 1 月，位於省道台 1 線六甲林鳳營段的落羽松林就開始變色，綠葉逐漸轉黃轉紅，原本綠油油的落羽松，像妝點粉彩般，紅綠相間的層次美感，煞是好看，成為網紅拍照打卡的熱點。

六甲落羽松林是林鳳營牧場基於防疫需求，種植用來隔離牧場的，分布在牧場入口處及北側等 5 個區塊，每處有近百株落羽松非常壯觀。

車行約
5分鐘

買記鍋燒意麵
日本遊客大呼喔伊細

買記鍋燒意麵

📍 台南市官田區中山路一段 34 號

📞 06-579-2668

🕐 10:00 ～ 22:00

台南人愛吃鍋燒意麵，大街小巷幾乎都可以找到熱騰騰的鍋燒意麵店，但要好吃到連日本人也讚不絕口，就不能錯過隆田車站前的買記鍋燒意麵。

鍋燒意麵所用湯頭都是老闆每天熬煮的菜頭雞骨高湯，鮮香味美；意麵也堅持使用鴨蛋製作，老闆說，這樣味道才合得來。除了原味，還有牛奶、起司、泡菜等 9 種口味。

水雉生態教育園區
水雉棲息復育的天然濕地

車行約
5分鐘

　　葫蘆埤、德元埤一帶本是水雉的重要棲息地，但因高鐵穿越，造成水雉的生存受到威脅，於是在附近找了15公頃的濕地，作為水雉復育用。

　　水雉生態教育園區就位在這塊濕地上，走一小段路，才能抵達水雉棲息地，為避免驚擾這群害羞的嬌客，遊客只能在賞鳥木屋遠距離欣賞牠們的美姿，看到許多水雉優閒自得的在濕地休憩覓食，煩擾之心都被療癒了。

園區積極宣導生態教育，期盼打造珍貴的水雉復育成長棲息地。

水雉生態教育園區	
📍 台南市官田區裕隆路	🕐 9:00 ～ 17:00
📞 06-579-2153	休 周一休

胡蘆埤自然公園
菱香舟影好美名

車行約
7分鐘

　　葫蘆埤原名番子田埤，但後來埤塘被176縣道貫穿而分成南埤與北埤，由於中間窄如繫上腰帶的葫蘆，因而稱為葫蘆埤，早年還因菱農採菱，而獲得「菱香舟影」的南瀛八景美名。

　　葫蘆埤除了蓄水灌溉農田，也是一座親水休憩公園，穿越埤塘的吊橋是葫蘆埤的地標，水埤周邊景緻秀麗，揚柳枝葉隨風搖曳，加上大片的綠蔭，是偷得浮生半日閒的好去處。

胡蘆埤自然公園	
📍 台南市官田區中山路二段 207 號	
🕐 全日開放	

烏山頭水庫水面乾淨無瑕，空氣清新，又被稱作珊瑚潭。

車行約 13 分鐘

烏山頭水庫
美景天成

烏山頭水庫是孕育嘉南米倉的重要功臣，這座歷史近百年的水庫，迄今不但仍肩負灌溉農田的使命，還是台南知名的風景勝地，近幾年櫻花盛開時，區內的櫻花大道總是吸引許多旅客。

來到烏山頭水庫大壩，可眺望湖光山色、碧波蕩漾的天然美景，時間

允許，還可搭船前往當地人口中的小瑞士遊湖；遊罷再轉往八田與一紀園區，園區內有 4 棟日式建物，都是參照八田與一修建水庫期間居住的宿舍重新搭建而成，充滿濃濃的和風味。

烏山頭水庫風景區

📍 台南市官田區烏山頭里嘉南 68-2 號
📞 06-698-2103
🕐 8:00 ～ 17:30
休 周三休

隆田酒廠
周邊景點地圖

1. 隆田啤酒廠
2. 小菱居
3. 振昌豆花城
4. 買記鍋燒意麵
5. 錢來也商店
6. 林鳳營落羽松
7. 葫蘆埤自然公園
8. 水雉生態教育園區
9. 烏山頭水庫風景區

錢來也商店
北門 台南

TTL

中山路二段

勝利路

中華路一段

隆田車站

裕隆路

155

屏東酒廠

星空下，露營時光必然與美食相伴，
那與自然共醇的單純幸福，
最適合與台灣傳統景觀及飲食味同行，
在最大米酒製造地與咖啡香甜酒相遇，
這裡，有滿滿的，熱情而開放的台灣味。

酒廠見學

最大米酒製造地
造就獨一無二回憶

燒酒雞、麻油雞或是酒釀湯圓，米酒是許多日常料理的重要元素，屏東酒廠是目前產能最大的米酒工廠，又被稱作「米酒的故鄉」，雲林以南、台東以西的米酒產量，全都是出自這間 1923 年成立的酒廠。

走進屏東酒廠，以米酒瓶打造的廠內裝飾壯觀而親切，排列整齊的米酒瓶站滿牆邊，環繞於柱，猶如電影壯闊的場景，不禁讓人聯想出全國人民平日消耗米酒的數量感。往酒廠深處走，背板上的酒知識，傳遞了酒文化，經過酒甕牆，酒廠員工在酒甕上細膩的畫作，將屏東的一角一隅，結合酒甕，躍然眼前，在遊客心中烙印下屬於屏東酒廠獨一無二的回憶。

米酒生產線
從零到一百的神奇旅程

如事先申請，你將有機會進入酒廠生產地區，並由廠內員工帶領參觀米酒生產流程以及肉製品生產線；透過導覽，依蒸煮、蒸餾、過濾以及包裝產線等順序，一一見證米酒自米糧化身為成品的神奇旅程。米酒自酒醪中蒸餾、提煉，眼望酒精逐漸清澈，耳聽米酒去酒頭、酒尾等過程，體悟到最平凡的事物也有不平凡的過程。

遊覽至包裝產線，酒瓶自回收清洗、裝酒到貼標的過程一覽無遺，數以萬計的米酒於產線上輪轉、動作，數量相當大，讓人目不轉睛，最後熱騰騰剛包裝完成的米酒，被裝進鮮黃酒籃中，層層堆疊，這一我們習以為常的民生用品，在嚴格把關與許多人的努力下開始飄香。

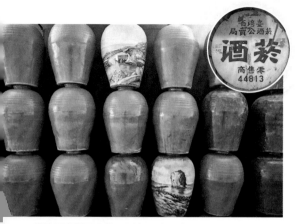

彩繪酒甕搭配骨甕，別有一番風味。

酒廠戶外空間寬廣，孩童可在其中嬉戲遊玩。

綠地裡玩耍　大走休閒風

走出廠外，綠意盎然的公園造景，是許多屏東人假日休憩的秘景，大片如同足球場般的草皮在夕陽餘暉下顯得風情萬種，帶著孩童或毛小孩一同奔馳在這令人舒心的大草坪，或大笑、或嬉鬧，很是愉悅，一旁日式木造涼亭更是許多長輩一早報到的「好所在」。不同酒甕造型的裝置藝術置於戲水區內，雖然冬季時水池並不出水，但也因此可以近距離觀察不同造型酒甕之特色，並可成為孩子們的嬉戲場地。

以酒桶打造的戶外座椅，造型相當特別，廠內員工說，台酒是相當環保的單位，許多成品都盡其所能再利用，原先不再使用的設備或器具，都能經過巧手改造，得到新生命，座椅下的酒桶更可見老公賣局 LOGO 打印，說不定你就坐在數十年的老骨董上呢！

米酒瓶排列成牆，相當有意思。

酒廠不可思議空間
一窺神秘面紗

　　除了豐富的米酒元素，屏東酒廠內還有一處相當特別且為全國唯一的文物館。館內保存菸草相關文物史料，將台灣菸草歷史、種類、種植技術、器具等相關文物完整保留下來，其中更以迷你柑仔店最為吸睛，打造復古元素懷舊氣氛，板凳長桌椅搭配舊時代海報，一旁還擺放古早的腳踏車，完美呈現五〇年代的懷古氛圍。

　　柑仔店屋簷懸掛著一個公賣局專賣小標牌，那是許多老一輩人生命中的獨有回憶，因為以往柑仔店正是多數人獲取酒香的唯一通路，如今現身眼前，備感神奇。

　　離開屏東酒廠前，請務必回到產品展售中心，來上一球屏東酒廠限定「咖啡酒冰淇淋」，在些微酒香與咖

文物館佈置成復古風貌，是許多年紀較長的遊客心中的回憶。

啡香的衝撞中，以淡淡甜酒尾韻作結束，它不僅深得大小朋友的心，也是屏東酒廠旅遊最完美的句點。

禁 止 酒 駕 🚯 酒 後 不 開 車　安 全 有 保 障

屏東酒廠的米酒及咖啡酒成為兩大雙嬌。

INFO

屏東酒廠
產品推廣中心
📍 屏東縣內埔鄉建國路 34 號 (內埔工業區)

📞 08-778-1640*430、442、448、449、451、455

🕐 周一～周日 8:00 ～ 17:00

廠區參觀導覽解說
📞 08-778-1640*448、451

　＊ 文物館如欲參觀，可通知展售中心人員（須提前 7 日預約）

酒廠官網

酒的故事

咖啡香甜酒
全台唯一屏東限定

屏東酒廠超級接地氣,也貼近年輕人!除了是米酒生產的大本營外,更研發出時下熱門人氣品項——玉山咖啡香甜酒,讓不諳酒量的民眾可以盡情享用。

隨著社會風氣的轉變,為貼近年輕人愛喝咖啡的市場,屏東酒廠特別與專業咖啡師合作,成功打造咖啡香甜酒。

玉山咖啡香甜酒嚴選味道醇厚的摩卡原豆,混合酸中帶甘的哥倫比亞咖啡豆,打造與酒氣最為合適的極致咖啡,讓愛喝咖啡的旅人都讚不絕口。有別於黑咖啡的苦澀,加進以水果作為原料的白蘭地,以及隆田酒廠的伏特加,並除去刺喉的辛辣感,融洽味道香濃的咖啡液,令整體風味豐富極了。一入口甜甜的咖啡味到尾韻環繞嘴中的酒香,舌根在一瞬間被豐裕厚實的味道所環繞,酒香與濃郁咖啡完美結合,甜滋滋的微醺感,大獲好評,典雅滋味成為屏東酒廠一大賣點。

玉山咖啡香甜酒 (0.275L / 7%)

禁 止 酒 駕 酒 後

而為了讓小朋友及開車來此的旅客也有機會品嚐微帶酒香的咖啡酒，酒廠經過重新調配比例，盡可能還原咖啡香甜酒滋味，並製成霜淇淋，滿足各方旅客想要一嚐咖啡甜酒的心願，在夏日吃上一枝冰涼滑順的甜酒霜淇淋，十足痛快！

特色好物

玉山台灣 52 度特級紅高粱禮盒

選用優質紅高粱，採低溫低壓特殊蒸餾法，擷取酒心部分，與老酒精心勾兌而成，酒香風味沉勁，口感圓潤。(2L /52%)

玉泉甕藏 18 年花雕酒

利用獨特工藝和科學配方釀造而成，陶甕熟陳長達 18 年，榮獲世界菸酒評鑑會（MONDE SELECTION）2017 ～ 2019 連續三年金質獎，並獲得「最高品質獎」。(2L / 14.5%)

台酒紹興滷肉蛋禮盒

軟綿肉燥肥瘦均勻，滷蛋 Q 香氣十足，兩者覆上微微紹興酒香，香味極致，拌麵或拌飯都令人胃口大開。(200g*4 包)

台酒紅麴豬腳禮盒

選用 CAS 認證，骨頭較小且肥瘦較均勻的前腿肉，小火慢慢的滷製，口感韌性中帶有 Q 彈，不油不膩，味道爽口，拆封解凍即可食用。(650g)

不 開 車　安 全 有 保 障

繞著酒廠找樂子

獨特美食與地景
創造心生活

以屏東酒廠為起點,從「心」出發探訪各地堅持食材品質、回饋土地之店家與景點,從晨曦到夜晚,走入店家故事與天然美景深處,重新感受生活,在忙碌中創造快樂時刻。

車行約
10分鐘

蝦公粄
在地推薦好滋味

　　小小攤販,人潮絡繹不絕,食客們耐心排隊,等候剛起油鍋熱騰騰的蝦公粄,熱賣 70 年的好口碑,顯而易見。

　　簡單調味的麵糊加上韭菜、豆芽菜及九層塔,上頭豪邁地鋪上兩尾白蝦,酥脆口感搭配香氣十足的內餡,嚼勁十足,店家特別附上手製蒜頭酸醋醬,蒜香搭配醋酸味,爽口解膩。老闆堅持油鍋每日換上 2 次,銅板小吃日銷 200 份。

酥脆紮實的蝦公粄是當地特有的銅板小吃。

蝦公粄
📍 屏東縣內埔鄉廣濟路 171 號
📞 0935-960-543
🕐 13:30 ～ 18:30

車行約 12 分鐘

湘稜軒手作豆花
用心提供純粹食材

米白圓嫩豆花，可愛外型非常吸睛。湘稜軒老闆深受日本羊羹啟發，立志將台灣傳統小吃做得精緻可口。嚴選非基改有機黃豆，粉圓堅持以紅糖手工熬製，不加色素，為增加彈牙口感，粉圓在煮熟後使用冷水沖洗，同時因強調每個細節，製作時間耗時 6 小時。體恤想吃好食材的顧客，湘稜軒也提供輕食，以橄欖油清炒，強調食材原味，希望讓顧客享受食物最自然的風味。

滑嫩豆花淋上自家熬煮的糖水，香濃味道深得顧客喜愛。

湘稜軒手作豆花
- 屏東縣屏東市林森路 24-21 號
- 08-721-4798
- 11:00 ～ 20:30

職人町
- 屏東縣屏東市仁德路 43 巷 5 號
- 08-733-6435
- 14:00 ～ 21:00
- 休 周一休

車行約 13 分鐘

職人町
彩繪小區文創園地

原為林務局老舊宿舍的職人町，經過重新整修，化身成為青創聚落新點。一樓開放空間以餐廳及店鋪為主，二、三樓設為體驗工作坊及私人工作室，建築外觀以歐式彩繪風格獨樹一幟，吸引特地前來的旅客朝聖，一腳踏入異國情調的羅馬巷弄中。小小區域精選在地青創品牌，特色彩繪牆藏有多處逗趣可愛的驚喜圖案，充滿藝文氛圍。

太合家日式煎餃
訴求原味最實在

車行約 14 分鐘

以熱水和麵的餃子皮又稱作熟麵，外皮 Q 彈，即便放冷仍有嚼勁。太合家的麵皮全程手工製作，原料當天採買，絕不冷凍，原先為了區分不同餃子，老闆依照餡料包出各式外型，卻成店內獨有特色，更因現點現煎，要品嚐鮮味煎餃可是要等待 10 分鐘！

不僅餃子皮講究，內餡更是以高成本製作，白蝦豚煎餃以完整白蝦及溫體豬絞肉搭配當季高麗菜，味道鮮甜口感飽滿。

北海道濃湯使用新鮮玉米粒打成汁，以奶油及鮮奶調味，深受大小朋友喜愛。

太合家日式煎餃

📍 屏東縣潮州鎮中山路 60 號

📞 08-788-7797　🕐 16:00 ～ 21:00　🈺 周一休

車行約 17 分鐘

粮田集市
豪華帳棚浪漫場景

用燈光美、氣氛佳來形容粮田集市最貼切不過，打造帳篷風格，提供貼心服務，粮田集市的設立初衷就是希望來訪旅客得以逃離都市繁雜生活，走進沒有限時的農場內，讓時間放慢，享受自我或與家人好友共處的珍貴時刻。

全區堅持不用水泥打造，以木造及草地作為背景，創造獨特空間小宇宙，讓土地與旅客達到相互呼吸的完美平衡，以單純，成就大大幸福。

粮田集市

📍 屏東市潮州鎮潮州路 337 號正對面

📞 0930-340-304

🕐 16:00 ～ 24:00

🈺 周二休

琉璃珠意涵充沛的生命，呈現人與自然間的重要連結。

山川琉璃吊橋
看見微笑幸福

位於台灣原住民族文化園區內的琉璃吊橋，為全國最長的臥床式吊橋，從吊橋入口望向對山，山叢茂密，景色華美壯觀，白色橋身與河谷間形成一道最美的微笑曲線，象徵排灣族寶物的琉璃珠鑲嵌在橋端兩側及引道，32 種不同意義、大小及花紋的琉璃珠分別帶著珍貴意涵及期許。一大清早入園，不必人擠人，可以盡情享受暖陽的幸福恬靜，在山谷懷抱中度過恢意時光。

山川琉璃吊橋

📍 屏東縣瑪家鄉（台灣原住民文化園區內）

📞 08-732-5032

🕐 9:00 ～ 17:00

休 周一休

大鵬灣
豐富多元靚景色

車行約
21 分鐘

大鵬灣幅員廣闊，涵蓋許多不同特色地景，南北岸濕地、帆船基地等景點吸引不少旅客。放眼望去遼闊無比的大鵬灣，令人心情開闊，駕車經過海灣可以眺望位於海堤盡頭 300 公尺處的海上教堂，鵝黃外觀對比天際與海浪的藍色基調，壯麗身影是熱門拍照點，成為大鵬灣首要景點。惟目前教堂尚未開放，只能於路途中一瞥異國風味建築。

海上教堂鵝黃外表，溫柔色澤吸引許多情侶到訪。

大鵬灣國家風景區

📍 屏東縣東港鎮大潭路 169 號

📞 08-833-8100

東港福包園手工包子饅頭

📍 屏東縣東港鎮中山路 2-195 號

📞 08-831-1578

🕐 9:00 ～ 20:00

休 周日休

東港福包園
包子饅頭走新意

車行約
25 分鐘

福包園可是大有來頭，不僅曾為屏東縣政府推薦的特色伴手禮，更是多間廟宇特別指定的神明供品。

堅持不使用發粉及色素等化學添加物，利用指定發麵時間及特殊設備，強化麵糰筋性，使包子口感更有嚼勁。福包園的十全果子饅頭以手工技巧，特別將核桃、腰果、杏仁等 10 種精選果仁包裹住，讓每口饅頭都得以咬下鬆脆餡料，紮實份量涵蓋衛福部建議一天堅果攝取量，美味又健康。

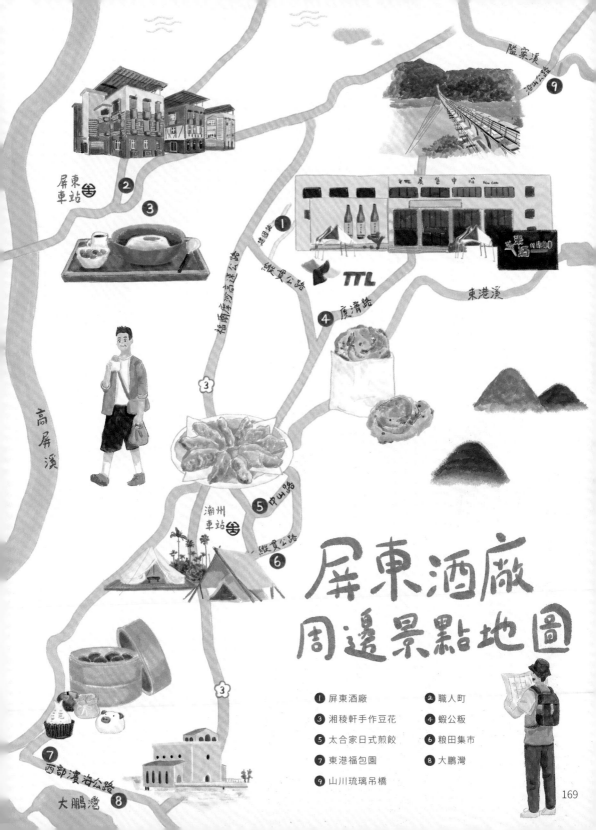

屏東酒廠
周邊景點地圖

1 屏東酒廠　　2 職人町
3 湘稜軒手作豆花　4 蝦公粄
5 太合家日式煎餃　6 粮田集市
7 東港福包園　　8 大鵬灣
9 山川琉璃吊橋

屏東
車站

潮州
車站

高屏溪

福爾摩沙高速公路

縱貫公路

廣青路

中山路

縱貫公路

東港溪

隘寮溪

西部濱海公路

大鵬灣

TTL

宜蘭 酒廠

111 歲，足以承載多少時代故事？
老建築、紅磚牆、巴洛克式和洋屋簷，
甚至是日治時期留存下來的珍貴建築，
悠悠時光散發出的汩汩深意，
加上紅露酒香更加迷人，
更不用說鄰近的美景佳餚了。

穿梭歷史光景
滋養酒廠百年風華

聽聽百年酒廠故事、造訪熱門打卡點，或是一飽紅麴美食好滋味，宜蘭酒廠滿足你對假日的美好想像，只要你願意踏進距離火車站步行不過 10 分鐘的宜蘭酒廠，老建築、老故事配上好味道，你完美的一天就從宜蘭酒廠開始。

大部分的酒廠都有年紀，但今年 111 歲的宜蘭酒廠裡古色古香的老建築卻格外吸引人，原始的紅磚牆、仿巴洛克式的和洋風格屋簷裝飾，都是自日治時期所保留下的珍貴歷史建物，讓來訪的旅人猶如走入時光隧道，在古今交錯中穿梭。

彩繪水塔色彩繽紛，畫下專屬宜蘭酒廠的歷史回憶。

紅磚外牆吸晴十足
邊食邊學好愜意

宜蘭酒廠製酒的生產區及觀光用途的參觀區各占一半，因此可參觀的區域相當豐富，重要參觀景點皆繞著酒廠中心，悠閒漫步格外舒適。

首先來到尖頂紅磚，充滿古意的台灣紅麴館，過去曾是生產紅露酒的調和室，隨著新廠房的建設，便將其改為當地特色文物食品的展售中心，像是花生捲冰淇淋、芋頭冰等宜蘭特色小點皆可嚐到，但最特別的是館內仍舊保留著舊時釀酒槽，並將其剖半切開，搭配介紹各種製酒小學問，讓遊客能走到釀酒槽中，實際感受它的巨大，同時也了解了更多課本沒教的酒知識。

啤酒箱金字塔是酒廠內人氣紅不讓的藝術裝置。

老建物新風貌
互動體驗飄酒香

　　步出台灣紅麴館，接踵的遊客走向甲子蘭文物館，館內屋頂木造結構樑柱相當搶眼，聽說當時改建時，特地保留木樑柱外露，就是要讓遊客能欣賞當年的建築工藝之美。一樓展區有各式客製紅露酒標籤，宜蘭酒廠紅露酒提供客製標籤，不少新人的結婚禮品與廟宇都特別選擇贈酒作為最

酒廠內的歷史建物是宜蘭重要文化資產。

老酒窖記錄下宜蘭酒廠悠遠歷史風華。

各種酒類裝於燒瓶中，供遊客嗅聞獨特香味。

酒銀行貼心替消費者保管售出產品。

佳伴手禮。另外也有專為兒童設置的閱讀專區，讓爸媽跟小孩能夠在此稍作休息。

二樓酒文物館的空間設計運用了許多台酒獨有物品，例如運送酒類的鮮黃塑膠籃被漆成白色，搭配木板製成椅子與隔牆，堆疊而起的重複性畫面，意外地具有文青感，成為許多遊客熱愛的打卡點。更特別的是酒廠特地將各類不同酒類裝於燒瓶之中，讓遊客能夠一一嗅聞各種不同風味的酒香，如老紅酒、威士忌、白蘭地等不同類型的酒類，不喝酒的人，都能夠感受酒氣迷人之處。

舊時用紅繩栓綁酒瓶的傳統技法，如今已成為寶貴歷史。

紅麴小吃街 巷弄飄香好滋味

接著聞香走入紅麴小吃街，香氣四溢的香腸攤，不但有基本款鹹甜不膩的紅麴香腸，更有大人滋味的啤酒香腸，這可是宜蘭酒廠近期特別研發的新口味，肥瘦比例適中，肉香搭配淡淡啤酒麥味，大獲好評！更往裡走，紅麴相關產品在小巷子內大放異彩，不論是宜蘭酒廠致力開發的紅露黑棗，或是合作攤販調製的紅麴牛肉麵、紅麴雞爪或是紅麴米糕，各式各樣的美食加上紅麴醃製，更增添一股香甜味，不只養生，美味更上一層樓。難怪有人說，來宜蘭酒廠，不吃撐了是走不出去的。

INFO

宜蘭酒廠
產品展售中心
- 📍 宜蘭縣宜蘭市舊城西路 3 號
- 📞 03-932-1517
- 🕐 周一～五 8:00 ～ 17:00
　　周六、日 8:00 ～ 17:30

酒廠官網

廠區參觀導覽解說
- 🕐 周一～周日 8:30 ～ 17:00
- 📞 03-935-5526*461（須提前 7 日預約）

DIY 體驗：紅露黑棗 DIY 課程
- 💲 每人 200 元。

酒的故事

玉泉紅露酒百年文化

宜蘭紅露酒，令當地人自豪，當初宜蘭人不僅為它舉辦縣酒公投，還有縣酒盃辦桌總舖王選拔賽，這支在宜蘭各家餐桌上飄香的紅露酒，究竟有什麼樣的魔力呢？

宜蘭特有的紅露酒是深具屬地特色的在地酒類，原先來自福建安溪縣，一般稱之為「安溪老紅酒」，以紅麴發酵釀造作為養生酒來飲用。釀製完成的紅露酒，必須在陶甕中陳放 2 至 6 年，酒色會由天然的紅色轉成琥珀色，酒性溫潤，酸度也不高，沒有蒸餾酒的嗆辣味。昔日為產婦坐月子用酒，經常用來燉補雞湯，加上酒色金黃 固有「金雞」之稱。因此，窖藏 2 年的紅露酒即稱玉泉特級紅露酒；儲藏 6 年，特別精心挑選出來的甕藏紅露酒則為窖藏金雞老紅酒，酒質甘醇、風味絕佳，需通過數位經驗豐富的品酒師品評、認定後，才可上市。

飲用方法

1. 直接飲用，就像一般喝紅酒一樣，先聞香氣，再品嚐紅露酒最原始的風味。

2. 溫熱後加細薑絲或梅粉。

3. 紅露酒溫潤不適合直接加冰塊，建議將紅露酒冰鎮後，以適當比例調和金棗酒、蘋果西打、梅子綠茶，調和後酒精濃度低且冰涼的喝法，是女性喜歡的清甜口感。

玉泉金雞陳年紅露酒 (0.6L / 15.5%)
玉泉特級紅露酒 (0.6L / 14%)

禁 止 酒 駕 酒 後

　　紅露酒對宜蘭人來說，不只是一款值得品嚐的酒，甚至從結婚、壽慶祭祖，都必用老紅酒以示誠敬，是宜蘭人生活中不可或缺的佳釀。

　　而為讓紅露酒成為縣酒，宜蘭酒廠2006年特別推出「縣酒選紅露」公投活動，規畫一系列掃街拜票及園遊會活動等，還特製競選旗幟與歌曲，規模之大堪比與總統選舉。當時拜票的熱鬧情景可是不少宜蘭人的經典回憶，最後公投過關，縣府更正式行文，明訂紅露酒為「宜蘭縣酒」。

特色好物

金雞甲子蘭晶醇

宜蘭建廠百年來第一支蒸餾紅露酒，將傳統紅露酒的釀造工藝，結合歐洲雪莉酒製酒工法，透過蒸餾的方式萃取最精純的紅露蒸餾酒後，放置橡木桶熟成。(0.6L / 30%)

玉泉桂花釀禮盒

酒液色澤艷紅，清澈明亮，香氣協調，味感醇厚，入口香綿，帶著濃郁清雅的桂花香。(0.375L*2 / 10%)

台酒紅露黑棗禮盒

採用特級圓形黑棗、紅露酒等醃製而成，可直接食用，紅露黑棗湯汁亦可用於調酒及料理燉煮，如雞尾酒、黑棗雞湯、藥膳料理等，美味與養生兼具。(600g*2 罐)

台酒香腸禮盒

(紹興原味、紅麴高粱、啤酒口味、羅勒口味)

採 CAS 認證後腿豬肉，以三分肥七分瘦的黃金比例調合台酒製酒用紅麴，並添加不同酒類精心調製而成，肉質甜嫩，口感香 Q。

(600g*2 包)

續著酒廠找樂子

漫步宜蘭城區
享受不擁擠的城市

宜蘭環形的舊城東、西、北路與北橫公路，圈起了宜蘭人的生活所需。有最道地的宜蘭小吃、幾米公園的戶外裝置藝術、日式木造老建築等等，距離酒廠都約 10 來分鐘；這個純樸悠閒、充滿歷史美感的城市，適合無目的的漫遊。

步行約
3 分鐘

宜蘭設治紀念館
穿梭人文歷史的日式風味建築

　　宜蘭設治紀念館原為宜蘭歷任行政首長的官邸，由日治時期首任宜蘭廳長西鄉菊次郎所籌建，戶外庭園老樹成林。這棟歷史建築得以保存，源自於園內一棵百年老樟樹。宜蘭縣政府為了保存這棵百年老樟，於 1997 年將百年官邸整建為宜蘭設治紀念館。和洋式的磚造與木造建築，搭配日式枯山水的庭園景觀，坐在屋外欣賞，很能讓人放慢心境，感受這空間的靜謐，也為過去 200 年歷史的空間賦予了新的生命。

和風拉門由內向外望去，別有一番風味。

宜蘭設治紀念館
📍 宜蘭縣宜蘭市舊城南路力行 3 巷 3 號
📞 03-932-6664
🕐 9:00 ～ 17:00
🚫 周一、每個月最後一天休

步行約 5 分鐘 阿兒傳承美食
古早味更添香

開店至今已有百年的老店阿兒，第四代老闆陳雪香對於古早味的傳承非常堅持，店裡的招牌燻鵝、粉腸、酸菜鴨血湯、米粉炊、黑白切，至今仍依照古法製作，是許多離鄉遊子回到宜蘭必吃的記憶美味。老闆特別強調，享用店內美食的致勝關鍵，就是要淋上細火慢熬特製的自家醬汁，甜辣醬、五味醬、勁辣醬，3:2:1 的黃金比例，無論是淋在米粉炊，或是用來沾燻鵝、黑白切，才是巷子內老饕正統的吃法喔！

彈牙的米粉炒淋上特製甜辣醬，是宜蘭特色吃法。

阿兒傳承美食

- 📍 宜蘭縣宜蘭市文昌路 13 號
- 📞 03-931-3917
- 🕐 周日～周五 10:00 ～ 18:00
- 休 周六休

步行約 5 分鐘 鄂王社區
體驗舊時光景

鄂王社區位於宜蘭河南岸，是古時水路貨運的必經之地，重要廟宇、傳統市集與匠師都匯聚於此。從楊士芳紀念林園開始漫步，社區內可看到燒磚畫、光大巷，走在光大巷，能看到各種傳統百工藝品，從磚燒、陶藝到石雕，是社區內傳統匠師、在地藝術家與社區居民通力合作的成果。遊客喜歡在樹蔭花草滿佈的藝術巷弄間欣賞、拍照，享受舊城的漫遊感受。

鄂王社區（楊士芳紀念林園）

- 📍 宜蘭縣宜蘭市舊城西路 66 號
- 📞 03-931-4488
- 🕐 全日開放

療癒遊憩空間，成為孩子必訪景點。

步行約
14 分鐘

幾米公園／幸福轉運站
幸福可以很簡單

　　宜蘭火車站旁的幾米公園，鮮豔的幾米插圖彩繪，被繪製在台鐵舊宿舍區的磚宅牆壁上，等身大的插畫故事中的人物，讓人想起了書中讓人牽繫、揪心的情感。《向左走、向右走》男女主角背對背離開的場景，是最多人喜歡在此拍照的地方；《地下鐵》巨大的飛天行李箱，也讓人想立刻不顧一切的來一趟旅行。距離幾米公園約 100 公尺處，則是由過去國光客運站改建的「幸福轉運站」，等候客運的亭下有可愛的小樹和布丁狗，原先停靠客運的位置，現在則停放著巴士圖書館，後方戶外公園與巴士改建的長頸鹿和遊戲空間，最適合遛小孩、拍照。

幸福轉運站
📍 宜蘭縣宜蘭市宜興路一段 117 號
📞 03-935-8550
🕐 全日開放

幾米公園
📍 光復路 1 號 (宜蘭火車站左側舊宿舍區)
🕐 全日開放

180

步行約
15 分鐘

散步咖啡
在老屋享受手作時光

「散步」咖啡廳以老宅改造，內部的裝潢、家具，是累積了 3 代老闆的收藏與故事，大部分家具都超過了 30 年，充滿懷舊的文青感，走進店內彷彿走進了他們家的客廳一樣，親切質樸。兩位來自台南的年輕老闆，一位擅長咖啡，另一位則負責店內所有小巧可愛的手作蛋糕、餅乾、馬林糖等，老闆與店內空間都散發輕柔親切溫馨的氣氛，讓人備感悠閒。老闆特別推薦仿威士忌酒瓶裝的特調冰滴咖啡。

散步咖啡 CAFE SANPO

- 📍 宜蘭縣宜蘭市和睦路 2-20 號
- 📞 03-932-9828　🕐 13:00 ～ 19:00
- 休 周三休

濃郁冰滴咖啡裝於威士忌酒瓶內，可愛模樣成為店內熱銷商品。

步行約
15 分鐘

老豫仔招牌牛肉麵
齒頰留香

一口俐落台語的外省第二代老闆李貴中，很難讓人與「老芋仔」這個外省人的俗稱連結在一起。他承襲長輩的製麵條功夫，於 7 年前開了這家牛肉麵店，店裡那鍋積了厚厚一層焦的老湯鍋，從開店至今持續不斷熬煮，蘊藏了店內招牌牛肉麵濃厚湯頭的秘密。湯頭濃郁順口，肉質鮮嫩份量足，而麵條更是老闆的本業，全部自己手工製作，久泡在湯中也不會變得軟爛，依舊嚼勁十足。

招牌牛肉麵湯頭濃郁清甜，配上軟嫩牛肉，一口好滿足。

滷牛三寶包含滷牛肉、牛肚、牛筋，豐富又可口。

老豫仔招牌牛肉麵

- 📍 宜蘭縣宜蘭市復興路一段 48 號
- 📞 03-936-9259
- 🕐 11:00 ～ 20:30
- 休 周三休

步行約
17 分鐘

阿娘給的蒜味肉羹
傳統好味道 54 年不變

在店門口，就能聞到一股濃濃的蒜味，這裡就是創立於 1966 年的阿娘給的蒜味肉羹 (原北門蒜味肉羹)。老闆媽媽以大量的碎大蒜加入羹湯中，創造出獨樹一格的肉羹風味，使許多饕客一試成主顧。老闆遵循古法，純手工製作肉羹，透過手感判斷肉的品質。新式的現代化裝潢與經營，讓顧客吃得更舒適，54 年不變的老味道，更是吸引了許多外地、本地人川流不息的前來。喜歡這個味道的遊客，也可以直接購買肉、湯的原料當作伴手回家煮來吃。

阿娘給的蒜味肉羹

- 宜蘭縣宜蘭市泰山路 239-1 號
- 03-932-4293
- 9:00 ～ 18:00
- (休) 周日、一休

步行約
21 分鐘

津梅磚窯
打造復古 IG 打卡點

走出酒廠，沿著河濱公園環河路過宜蘭橋，就可抵達津梅磚窯。津梅磚窯最引人注目的就是 13 目連環古式赭紅色磚窯以及高達 37 公尺的煙囪，天氣好的時候，大片藍天搭配如蔭的綠地，已有百年歷史的紅磚牆更顯美感，一旁還有當年用來搬運磚頭的輕便車軌，搭起了復古新風格。由於是早已停業的磚窯，24 小時都開放，但建議白天前往，可拍出鮮豔亮麗色彩。

津梅磚窯

- 宜蘭縣宜蘭市津梅路 75 巷 13 號
- 0937-535-180
- 全日開放

宜蘭酒廠
周邊景點地圖

環河北路

宜蘭河濱公園

宜蘭橋

甲子蘭酒文物館
Chia Chi Lan Liquor Museum

舊城西路

文昌路

中山路三段

TTL ① ②

泰山路

北橫公路

中山路一段

中山路一段

宜蘭車站

復興路 ⑥ 散步

① 宜蘭酒廠　　② 宜蘭設治紀念館

③ 阿兒傳承美食　④ 鄂王社區

⑤ 阿娘給的蒜味肉羹　⑥ 老豫仔招牌牛肉麵

⑦ 散步咖啡　　⑧ 幾米公園/幸福轉運站

⑨ 津梅磚窯

花蓮 酒廠

熱情是它的語言，原始是它的裝扮，
這座全台灣唯一充滿原民色彩的酒廠，
有最美的山景為鄰，
有最透明的米酒蒸餾過程，
還有最具歷史痕跡的紹興酒甕山，
如此秘境，不探可惜。

隱身東海岸的秘密基地
唯一充滿原住民特色的酒廠

哪一家酒廠最獨特？花蓮酒廠寬廣的休閒廠區，以及充滿原住民元素的造景，識別度最高。這裡以米酒製品聞名全台，不論是常見的紅標米酒、產後婦女必備米酒水，又或是充滿原住民風味的手工小米酒，只要是米酒家族，全都供應！

從花蓮酒廠大門長驅直入，一旁大片草坪上旅客聚集享受陽光沐浴的場景時時可見，壯闊遍野的綠色遊樂場以中央山脈為背景，在山嵐中別有一番風味。草坪灌樹林立，更有戶外保齡球可供玩耍，不必付費，花蓮酒廠讓你不計次數地在風光明媚的草原中，享受野外打球趣。

只要事先預約，遊客即可踏入米酒生產線，進入米倉、米酒生產大樓，細聽導覽人員介紹米酒製作過程，跟著產線順序漫步，龐

酒廠戶外恢意怡然，吸引許多遊客駐足。

大發酵槽近在眼前，一槽可裝進 24 噸原料米，廠內總共 20 座，可想而知米酒生產規模之大。

接續來到蒸餾區，酒廠貼心的以玻璃罐展現方式，讓遊客可透過透明杯具，一覽熱騰騰初蒸餾米酒，如同滾燙溫泉般，透明液體緩緩冒出，互動式導覽深得旅客心。

壯觀酒甕層層疊　見證歷史痕跡

跟著導覽人員步行至紹興酒甕山，數以萬計的空酒甕疊如小山丘高，雄偉景象令人不禁想像，到底是誰這麼好酒量？由於花蓮酒廠早期生產紹興，當時釀造的紹興酒始終陳放於酒倉中，隨著時間的推移，成為酒香濃厚的陳年紹興，但 2018 年 2 月 6 日地震災情慘重，上萬甕陳紹碎裂成瓦，珍貴的老酒一夕間流入歷史，酒廠人

花蓮酒廠充滿原住民圖騰元素。

員第一時間於斷壁殘垣中搶救出倖存的酒甕，也成了花蓮酒廠最後一批寶貴的史跡。

　　破碎或已抽出酒液的空酒甕，經過專業擺放層層疊起，記錄下酒廠歷經的慘烈災情，一眼望去，很難不被如此景觀所震懾；而除了酒甕龐大數量的視覺衝擊，踏入一旁的酒倉，可以嗅到淡淡紹興酒味，具有年代感的陳舊酒甕整齊排列，這些是當時倖免於難的陳紹，一甕一甕擺放，等待著獨具慧眼的有緣人，將陳年好味帶回去。入口處擺放一甕已經開封的陳年

紹興，成為訪客們遊覽的獨有教材，甕蓋掀開，香醇紹興酒氣撲鼻，20 年以上的存放，酒辛味早已揮散，取而代之的是溫順柔和的黃酒氣味，風味十足。

剛蒸餾過 50 度的米酒。

別小看小型糖化槽，它可是決定酒質的重大要臣。

花蓮酒廠一點紅　精釀手工啤酒

　　見證酒廠歷史及產線後，可以特別請廠內人員介紹精釀手工啤酒區，這個位在入口不遠處的小天地，可是酒廠一大焦點。走進迷你啤酒製造產線，兩座玫瑰金色的糖化槽就矗立眼前，亮眼色澤相當引人注目，蒸煮後的第一道麥汁，品質好壞可是全由糖化槽來定調。

　　利用進口麥芽、焦麥芽、結晶麥芽三種麥，並使用芳香型啤酒花，釀造出清涼爽口的精釀啤酒，許多餐廳都特別指定花蓮酒廠的手工啤酒，不只泡沫綿密細緻，口感更是甘甜順口，絲毫感受不到苦味，如此優秀的酒質，可是只有這裡才有機會嚐到！讓遊客們看著金黃色啤酒自酒槽中現榨而出，品味第一道現釀啤酒，痛快感受絕對令人大呼過癮。

　　花蓮酒廠不僅讓旅人有機會將米酒製作過程一飽眼福，更可以藉由五感體驗，在心上深刻烙印下花蓮酒廠的美與特色。

產品推廣中心旁的精釀手工啤酒販賣處。

INFO

花蓮酒廠
產品推廣中心

- 📍 花蓮縣花蓮市美工路 6 號
- 📞 03-822-7151*463
- 🕐 周一～周日 9:00 ～ 17:00

酒廠官網

工廠導覽預約

- 🕐 周一～周五 9:00 ～ 17:00
- ✒️ 發文或傳真至花蓮酒廠行政室
  (30 人以上報名才接受導覽預約，須提前 7 日預約)
- 📠 03-822-6241

黃金酒 DIY 體驗

- 📞 03-822-7151*430
- 🕐 周一～周五 9:00 ～ 17:00
  ＊體驗活動內容隨時更動，如有興趣歡迎致電詢問

整齊排列的酒甕相當壯觀。

酒的故事

花蓮米酒
發揮無極限

米酒可說是花蓮酒廠的當家花旦，除了民眾所熟悉的紅標料理米酒在此大量生產，花蓮酒廠更以獨有的特色米製酒類聞名，不論是米酒水，或是原住民古老的智慧—小米酒，花蓮酒廠將各式米製酒類，打響名聲。

許多產婦在坐月子時，常會被長輩叮嚀不要生飲水，而是要喝以米酒煮過的水，因此米酒水又被稱作「坐月子水」。體諒女性產後不愛重口味的心情，花蓮酒廠特別遵照老祖宗的秘訣，開發出特製米酒水，成為坐月子女性調養的首選，更是全台唯一生產米酒水之酒廠。

將紅標料理米酒中酒精成分再次蒸餾，提煉出酒精度僅 0.5 度之米酒水，內含有機發酵物質，並將米酒原有的柔和香味完美保留，也因只有微量酒精度，直接飲用不會有米酒嗆鼻酒氣味，喝下去順口、圓潤，如同微帶米香的白開水一般。

除了產婦獨愛的米酒水，花蓮酒廠更獨產兩款小瓶裝的特級紅標米酒，特級紅標米酒與特級紅標純米酒皆使用純米釀

公賣局紅標米酒水 (0.6L / 0.51%)
公賣局特級紅標純米酒 (0.3L / 22%)

禁 止 酒 駕 酒 後

造，無添加食用酒精，兩者酒精度皆為22度，差別在於特級紅標純米酒擷取優質酒液並儲放6個月以上，更適合直接飲用、品嚐，不論是燒酒雞或是煲湯，入菜後湯頭更加清甜，成為製作料理的最佳新選擇。

花蓮酒廠透過獨有技術，將米酒發揮最大效用，以滿足各種不同米酒需求，讓米酒成功融入所有人的日常生活中。

特色好物

玉泉小米酒禮盒

以糯米、小米為主原料，手工製作原住民風味的「玉泉小米酒」，瓶身還有射日英雄與依娃公主浮雕，是花蓮最佳伴手禮。(0.4L / 10%)

玉泉20年
精釀陳紹－不倒甕

為花蓮0206地震後所搶救之陳年紹興酒，象徵花蓮猶如「不倒翁」般百折不撓、屹立不搖，祈福意味濃厚。
(0.9L / 17.5%)

玉山金黃金高粱酒8年陳高禮盒

以嘉義高粱酒為基底，透過奈米級金箔吸收酒氣辛辣味，味道醇厚，酒液中金箔使其外觀更具質感。(1.5L / 40%)

台酒啤酒酵母藜麥蘇打禮盒

蘇打餅乾添加藜麥及啤酒酵母，擁有藜麥穀物香氣及啤酒酵母的營養成分。(736g)

不 開 車　安 全 有 保 障

繞著酒廠找樂子

走入山海桃花源
遍嚐原始真美味

花蓮，這個夾在太平洋與中央山脈之間的市鎮，在壯闊美景外，山與海也滋養出尊重四季輪轉的慕名料理、堅持食材的壽司店、走在精緻甜點頂端的甜點屋，或是家庭手工菜，還有創造獨特生活方式的書店，都流露出這塊土地獨有的氛圍。

車行約
3 分鐘

慕名私房料理
堅持食材自然風味

慕名私房料理提供無菜單料理，為了讓顧客可以吃到當季最新鮮的食材，老闆堅持不使用固定菜單，而是以人頭費計算，提供不同價位精緻飲食。

石板鹹豬肉特別選用溫體豬，簡單蒜末調味醃漬，乾煎過後肉汁香甜口感軟嫩，輕易就能嚐出食物原味；小菜也細心烹調，阿美族風味的「美」式泡菜，以南瓜為基底，與台式泡菜相比更加甜口卻不膩，配上鹹豬肉，清爽無負擔。

慕名私房料理

📍 花蓮縣新城鄉明潭街 10 巷 23 號

📞 03-823-9336

🕐 11:00 ～ 12:30
13:00 ～ 14:30
17:30 ～ 19:00
19:30 ～ 21:00

阿美族杜倫，又稱作麻糬，以小米及糯米搗至軟 Q，口感香軟。

刺蔥雞腿以刺蔥末醃製，些許檸檬與香茅混合之香氣讓人回味無窮。

車行約
5分鐘 **四八高地**
最美大海盡收眼底

四八高地又稱奇萊鼻，由於歐亞大陸板塊與菲律賓板塊在此發生撞擊推擠，形成獨有的觀景平台。沿著小徑步行約 200 公尺，轉入小岔路，太平洋壯闊美景映入眼簾，可以眺望整片七星潭，海藍、深藍、水藍，海水漸層的色彩讓人忍不住讚嘆。不只整片太平洋一覽無遺，仔細一看，更可在雲霧中望見遠方的清水斷崖，朦朧中彷彿蒙上一層紗，別有意境。

四八高地
📍 花蓮縣花蓮市海岸路華東路
🕐 全日開放

車行約
5分鐘 **獵人廚房**
料好實在口碑佳

隱身在住宅區的獵人廚房，即便遠離市中心，仍舊吸引各方食客們前來品嚐。美味的手工菜餚是店家特色，透過多一份用心，餐點展現截然不同的樣貌。其中招牌料理鄉村獵人燉雞飯使用南瓜與番茄燉煮香煎後的去骨雞腿排，未添加過多的調味料，透過雞肉本身油脂與天然蔬菜的濃郁甜味堆疊而成，並拌入油漬鯷魚，讓味蕾品嚐出更豐富層次，搭配半顆甜菜根釀蛋，色彩繽紛可口。

獵人廚房
📍 花蓮縣花蓮市東興二街 13 巷 3 號
📞 0916-282-350
🕐 10:00 ～ 17:00（周一～四） 10:00 ～ 20:30（周五、六） 12:00 ～ 20:30（周日）

高聳的松林群已有近 90 年以上的樹齡。

2 樓保留館內許多珍貴的收藏。

車行約 10 分鐘

松園別館
走入歷史洪流

　　松園別館為目前花蓮僅存的日治時期建築，深具歷史意義。除了建築本體，庭院中的百年松樹更是一大亮點，種植於建物正前方，避開正午陽光直射，樹枝倒影爬上白色建築外觀，替白牆增添一番味道，別有意境。松園別館建於昭和 18 年，原先用途為日軍在花蓮最高軍事指揮中心，又被稱作「花蓮港兵事部」，在當時曾是高級軍官休憩所，現今則成為重要人文歷史空間。

松園別館

📍 花蓮縣花蓮市松園街 65 號　🕐 9:00 ～ 18:00
📞 03-835-6510

車行約
11 分鐘

地耕味 - 玩味蕃樂園
穿越時空闖進舊年代

　　地耕味以花蓮 13 個鄉鎮特色作為主軸，打造早期生活特色、產業等實體造景，將 50 年代的復古街景、柑仔店，甚至火車平交道搬進了園內，透過解說與體驗，讓老一輩的遊客重溫過往時光、年輕旅人看見歷史的風華，更讓花蓮這塊寶地的純樸及美好呈現眼前。無論是復古海報、火車內的老舊皮箱，或古早點心小攤，地耕味重新復刻出歷史過往的美，並細心保留。

走進復古台灣街景就彷彿進入時空之旅。

地耕味 - 玩味蕃樂園

📍 花蓮縣新城鄉康樂村加灣 17-1 號

📞 03-826-0707　　🕐 08:00 ～ 18:00

邊境法式點心坊

📍 花蓮縣花蓮市明智街 73 號

📞 03-831-5800

🕐 11:00 ～ 19:00

休 周三休

車行約
12 分鐘

邊境甜點
享受尖端美味

　　主廚畢業於法國高級糕點學校，地道法式精緻甜點，征服饕客吹毛求疵的胃。

　　焦糖閃電泡芙以三顆小泡芙連貫成型，頂端琥珀色澤晶瑩剔透，原先滾燙的糖漿欲流向泡芙，但彷彿被時間凍結，呈現垂涎之感，用叉子尖端施力一壓，上層糖衣碎裂成片，內餡馬茲卡彭起司隨著壓力自裂口滿溢而出，一入口，焦糖風味的內餡混和表層鹽之花，濃郁奶香點綴些許鹹味，酥脆口感與絲滑起司完美融合，是極致享受。

耕壽司
平價日料高品質

車行約 13 分鐘

15 樣新鮮海味鋪平在軟 Q 米飯上，是店內特選 15 貫。青甘味道柔和，牙齒輕輕咬下，魚肉鮮甜香氣自口中瞬間流竄，簡單小清新的味道令人驚豔，是老闆最喜歡的一貫。同為店內招牌菜，炙燒鮭魚肚握壽司，以噴槍大火炙烤，輕輕刷上日式鰻魚醬，在稍有厚度的鮭魚肚上擠上美乃滋，油脂浸漬的米飯充滿香氣，與炙燒後的鮭魚肉相互融合，入口後唇齒間瀰漫濃郁海味道，飽滿滋味只能用心滿意足形容。

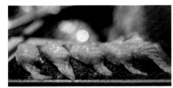

耕壽司

📍 花蓮縣花蓮市節約街 16-1 號

📞 03-832-1663　　🕐 12:00～22:00

練習曲書店

📍 花蓮縣新城鄉信義路 252 號

📞 0929-102-286　　🕐 9:00～18:00

練習曲書店
練習人生大小事

車行約 25 分鐘

外觀走極簡灰色調性，文青氣息毫不掩飾地流露而出，這是一間不賣書的書店。

練習曲書店是由新城國小棒球胡教練以老屋改建而成，老闆募集各式書籍，讓這個小小空間成為棒球隊孩子們讀書、休閒的好去處。來此到訪的旅人可以免費借閱書籍，也許配上一杯咖啡，或是聆聽老闆對在地創生的計畫，享受這間「不安靜的書店」帶給你平靜的美好。

花蓮酒廠
周邊景點地圖

1 花蓮酒廠　　　2 慕名私房料理

3 獵人廚房　　　4 邊境法式甜點

5 耕壽司　　　　6 松園別館

7 四八高地　　　8 地耕味-玩味蕃樂園

9 練習曲書店

蘇花公路

海岸路

中正路

⑧

⑨ 信義路

②

① 海岸路

TTL

⑦

花蓮酒廠旅客中心
Hualien Distillery Tourist Center

美崙溪

③

④

花蓮車站

中山路

中美路

松園街

⑥

⑤

花蓮港

台灣的記憶 台酒的法寶

紅標料理米酒

紅標料理米酒是民眾生活裡必備的傳統料理酒類，在日常烹調中更少不了這一味！熱炒青菜時，淋一點紅標料理米酒，菜葉顯得更加鮮美翠綠；蒸煮海鮮時，淋些米酒就能幫助去除腥味；做獅子頭、水餃肉餡時，拌入適量米酒，既可去腥味，又能讓肉餡味道更加鮮美。冬天進補，加進薑母鴨、羊肉爐、燒酒雞各種料理中，香氣濃厚，把冬天變得溫暖了。

玉泉紹興酒

玉泉紹興酒除了直接飲用，還可用來醃漬食物，達到去腥、提香的加分作用，大家最熟知的經典代表菜色就是醉雞、醉蝦，酒香悠揚，既不會搶去食物本身的風采，也不會辛辣嗆口。

再者，紹興酒很耐高溫，能夠承受長時間的紅燒、燉滷，極適合用於肉品佳餚，例如東坡肉，沒了紹興酒這個好拍檔，肯定不道地。

禁 止 酒 駕 酒 後

玉泉清酒

玉泉清酒採用國產上等蓬萊米純米加米麴、水發酵釀造，富含水果清新氣息，圓潤飽滿，有層次的口感，帶來喜悅的感受。

把清酒用來替魚類去腥再理想不過了，還適合搭配味醂一起使用，製作日式料理壽喜燒等或調配成丼飯的醬汁，美食生香，甜而不膩。

不開車　安全有保障

玉泉紅麴葡萄酒

玉泉紅麴葡萄酒結合優質紅麴和高品質卡本內蘇維翁精心釀製而成，風味獨具，冰涼飲用別有不同風情。

開瓶後，絲毫沒有酸澀味，只有清淡而微妙的葡萄果香，熟果香就如同黑櫻桃一般，夾雜著一絲絲的肉桂香氣，令人垂涎欲滴，因此適合搭配起司、堅果、果乾享用，品嚐到的酒香美味更殊勝。

也有人偏愛拿玉泉紅麴葡萄酒搭配 BBQ、香腸、牛排或義大利麵，非常能夠解膩，散發出來的美酒層次感相當豐富。

禁 止 酒 駕 酒 後

玉山台灣高粱酒

中式白酒,首推高粱酒, 使用陶甕儲放的玉山台灣高粱,受到陶甕經年累月的毛細孔帶動醇化作用使然,高粱風味轉化昇華,甘醇美味,餘韻悠長,在單純飲用以外,還適合拿來烹飪、調理、佐料、浸泡藥材,例如酒香米糕、香腸、湯圓、酒蛋與冬蟲夏草、鹿茸等,酒香暖身。

OMAR 單一麥芽威士忌 (波本花香 / 雪莉果乾)

OMAR 單一麥芽威士忌波本花香款的品味層次豐富,酒體酣暢自然,麥香、當歸與杉木香氣既穩重又平衡,鳳梨熟果、芒果乾氣息深刻揚發,搭配奶油爆玉米花,天生絕配。

雪莉果乾款同樣果香繚繞勾人,上層是輕盈果香,一絲絲硫味逸散其中,中層有熟香蕉、話梅、蘇打餅乾、黑巧克力、檀香味,最後,煙燻味釋放而出,餘韻深厚,很適合搭配法義歐系美食,單飲或伴佐葡萄乾、苦甜巧克力享用,滿足感達到最高點。

不 開 車　安 全 有 保 障

玉山台灣參茸酒

「玉山台灣參茸酒」榮獲世界菸酒評鑑會金質獎及國際最高品質獎，品質備受國際肯定，精選鹿茸、黨參、杜仲、枸杞等多種珍貴材料浸泡在高品質高粱酒內精釀而成，工序繁複，漢方味香醇厚，適口性佳。

適合搭配用餐，鵝肉、滷味、藥膳菜餚或燉補鍋品，有滋有味。

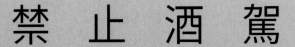 禁 止 酒 駕 酒 後

金牌台灣啤酒

暢飲金牌台灣啤酒，爽快的感覺由腳到頭，通體全身舒泰。一旦喝過金牌台啤，涼爽暢快的歡快無可比擬，其他啤酒就頓時失去了吸引力。

其實金牌啤酒的出現，源自於 90 年代後期進口啤酒搶攻啤酒市場，為因應啤酒市場的激烈競爭，台酒推出金牌啤酒，並成功獲得大眾青睞，成為台酒暢銷酒款，不只是台酒，更是台灣的重要里程碑。單喝不僅心涼脾透開，夏日暑氣全消，更可搭配德國豬腳、薯條等炸物，一口美食一口啤酒，人生最大幸福不過如此！

爽啤

號稱全台最爽的啤酒，酒精濃度只有 3.5%，冰冰涼涼的口感配上淡淡的酒香，與一般啤酒相比，苦味大幅下降，以 CITRA 啤酒花及芳香型啤酒花兩種雙啤酒花，用 0 度 C 冷泡工法釀製而成，呈現啤酒原型，適合初次飲酒或討厭苦澀味的朋友小酌微醺，不論是配上燒烤或鹹酥雞，都是讚不絕口的合拍！

不 開 車 安 全 有 保 障

台酒酒香泡麵系列　陳酒添香

台酒產品除了酒類品質掛保證外，消費者更是一箱一箱地往外搬走泡麵，台酒的泡麵如此受歡迎，原料好、醬料實在，特含的濃郁酒香大大加分，與市場一般泡麵有很明確的區隔。

台酒酒香泡麵系列包含：花雕雞麵、花雕酸菜牛肉麵、紅標米酒麻油雞麵等，口味獨特，麵麵俱到，除了直接沖泡熱水單吃泡麵、拌麵的吃法，煮火鍋時放進1、2包酒香泡麵，馬上滿室生香，另外還能用作麻辣燙、鐵板燒、加蛋加香菇煮麵、燴麵，煮熟吸飽陳酒湯汁的麵體煎香醮醬吃，更增風味。

台酒酒粕養生薄餅　酥脆可口

台酒酒粕養生薄餅口味有紅麴、黑糖、藍綠藻、南瓜等4種，也有綜合包裝，薄薄一片就兼具零食享受，奶素也可食用。

薄餅嚼食時會發現裡頭有豐富的黑芝麻粒，聞起來香，吃著更酥脆可口，而且不會太甜膩，不禁一口接一口。

吃零食或當作下午茶，搭配紅茶、咖啡、豆漿、啤酒都是美事一樁，酒粕養生薄餅自用、送禮兩相宜，也可用於祭祖謝神，土地公也會笑逐顏開。

台酒紹興原味香腸、紅麴高粱香腸
綻放酒香

紹興酒、高粱酒製作香腸，對味成絕配，台酒香腸產品包含：紹興原味香腸、紅麴高粱香腸、紅麴香腸（羅勒、啤酒風味）等。

香腸採用 CAS 認證廠商提供的後腿豬肉，紹興酒與高粱酒皆選自台酒優質酒質，特別能去腥提味，備增香腸的甘醇口感與風味。香腸可煎可烤，可夾進燒餅、漢堡或粥品中享用，炒蒜苗、炒米粉更出色。

原味、桂圓、烏梅、紅麴黑麥汁 暢飲保健

黑麥汁含有蛋白質、維他命 B 群、鈣、鐵等營養素，在歐洲德國等多國風行數十年。烏日啤酒廠研發的黑麥汁，精選麥芽，遵照德式工藝發酵釀製而成，不添加色素，無酒精，是老少皆宜的健康飲品，清爽而低熱量，冬天喝熱的風味香濃，夏天冰涼後再喝，更是暢快。

台酒黑麥汁榮獲 2008 年國家新創獎等多項大獎，口味有原味、桂圓、烏梅、紅麴等，黑麥汁保有台啤特有的啤酒花香，搭配台酒酒粕養生薄餅，口感適配，香氣加分，滿足又不擔心發胖。

金牌 FREE 啤酒風味飲料　增添情趣

乍看之下很像是金牌啤酒，但其實是台酒研發推出的新飲料「金牌 FREE 啤酒風味飲料」，不含酒精，男女老少都能放心嚐鮮喝。

輕悠的麥芽香氣但無酒精，冰涼飲用生津止渴、消暑解熱，如果很想喝啤酒卻又要開車上路，或到公司裡不想被聞到酒味，這時候來瓶金牌 FREE，很能安撫自己，又能獲得類似喝啤酒的啤酒花香氣體驗，身心卻都毫無負擔。

吃了碗台酒酒香拌麵，再給自己倒杯金牌 FREE，麵 Q 醬濃、酒味醇美，完美協調，解渴的同時，鎖住全然的美味記憶。

易洗樂洗潔精、洗衣精　環保又安心

洗潔精、洗衣精是天天都會接觸皮膚的居家必需用品，有鑒於媒體經常報導坊間部分清潔產品對皮膚具刺激性、過敏性，台酒生技特別開發不刺激、抗過敏的日常清潔產品。

使用台酒啤酒花專利配方，洗潔精洗淨力優良，使用植物性陰離子型界面活性劑能夠降低對肌膚的刺激性，通過環保署環保標章認證，潔淨功效佳，不傷手，用得很安心。

洗衣精高效洗淨，抗菌防蟎，分別經 SGS 及紡織綜合研究所專業檢驗，抗菌率高達 99% 以上，衣物常保如新，貼身內衣洗後輕柔、觸感佳，用過就知道。

VINATA 面膜　多重修護滋養

維持青春活力和容貌的秘訣，就在酒之精華，VINATA 面膜榮獲 SNQ 國家品質肯定、台灣精品獎，薄薄一張面膜，水嫩保濕、彈潤亮白，多重修護高效包辦。

酒粕系列面膜添加富含礦物質、胺基酸及活膚酵母能量的清酒酵母精華，能夠溫和軟化皮膚角質，讓保養精華深層滲入肌膚，想 Hold 住面子，這款面膜不能少。

紅酒精華多重修護面膜所蘊含的白藜蘆醇，是植物抵禦環境壓力所分泌的珍貴成分，台酒生技透過尖端生物科技萃取，溫柔呵護每寸肌膚的疲勞。

熬夜嗎？長時間處於乾冷環境中嗎？ VINATA 面膜均採用純淨蠶絲木漿布膜，並結合植萃舒緩精華，保濕鎖水，滋養肌膚，輕透無負擔。

S11 益生菌　舒活暢快

大魚大肉卻無法避免，是現代人生活飲食型態帶來的難言之隱，台酒生技研發的 S11 益生菌，精選 11 種優良乳酸菌，採用獨特的 3 層包覆技術，確保乳酸菌活性穩定，同時添加台酒專利異麥芽寡醣，幫助排便順暢。

S11 益生菌可直接食用，也可以低於 40°C 的開水或牛奶沖泡，確保乳酸菌的活性，兒童也可食用。

哪些族群最需要 S11 益生菌？經常外食且無法攝取多樣蔬果的上班族、老是大魚大肉應酬、或是久坐缺少運動以及排便不順暢，你可以和 S11 益生菌當好朋友，快活，就從今天開始。

安可健紅麴膠囊　健康食品認證

安可健紅麴膠囊係由台酒生技團隊研發，利用多項先進生物技術，歷經繁複的菌種分離純化，以頂尖的培養設備和嚴格的自動化製程控制突破而成，榮獲 2007 國家生技醫療品質獎銅獎。

紅麴自古以來就是日常生活保健的小尖兵，天然紅麴菌，幫助消化，維持健康，安可健紅麴膠囊每一份 (2 粒) 含有珍貴的 Monacolink 10.5 毫克，可能有助於降低血中總膽固醇，其中植物固醇有利促進新陳代謝，上班族、外食族、常吃高糖高油脂糕點與油炸食品的人都很適合食用。

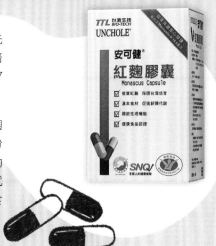

吃喝玩樂 在台酒

賞遊趣！

精釀台灣生活味的13間酒廠

發行單位	臺灣菸酒股份有限公司
發行人	丁彥哲
副發行人	黃及時
編輯委員	曾煥昌、賴煥宗、廖志堅、吳輝煌
協力編審	臺灣菸酒公司　啤酒事業部、酒事業部、生技事業處、行銷處、台北啤酒工場、桃園酒廠 竹南啤酒廠、台中酒廠、烏日啤酒廠、南投酒廠、埔里酒廠、嘉義酒廠、善化啤酒廠 隆田酒廠、屏東酒廠、宜蘭酒廠、花蓮酒廠
執行策劃	鄭啟源、李柴儇、趙偉成、林宜青

出版單位	財藝文化創意股份有限公司
讀者服務專線	（02）2567-1958
總編輯	李幸紋
主編	程芷盈
執行編輯	賴雯琪、吳哲夫
撰稿者	李幸紋、黃翎翔、李佩芬、程芷盈、林麗娟、楊為仁
美術編輯	張偉鈞、黃珮驊
插畫	羅甯
攝影	子宇影像、高凱新、楊為仁
圖片提供	達志影像、袖珍博物館、桃園市政府觀光旅遊局、桃園市養雞場藝術發展協會、苗栗縣政 府文化觀光局、竹南蛇窯、彩虹文創有限公司、臺中市政府觀光旅遊局、臺中市政府文化 局、范特喜微創文化股份有限公司、29號花園、Cheer食在愛享像、妖怪創界糖狗村、 廖鄉長紅茶故事館、新故鄉文教基金會、多肉秘境、臺南市政府觀光旅遊局、宜蘭縣宜蘭 市鄂王社區發展協會、竹南啤酒廠、隆田酒廠、宜蘭酒廠

印刷	永光彩色印刷股份有限公司
地址	新北市中和區建三路9號
電話	（02）2223-7072

出版日期	2020年7月
ISBN	978-986-94725-6-2
定價	新台幣420元

國家圖書館出版品預行編目（CIP）資料

吃喝玩樂在台酒：精釀台灣生活味的13間酒廠 /
李幸紋等撰稿.-- 臺北市：財藝文化創意出版：臺
灣菸酒股份有限公司發行, 2020.07
224 面；17×22公分
ISBN 978-986-94725-6-2(平裝)

1.臺灣遊記 2.酒業 3.人文地理

733.6　　　　　　　　　　　　　109007309

好酒沉甕底

—————— 優惠券 ——————

Super 346 啤酒文創館 （p.24）

憑券消費滿 1,000 元即可折扣 200 元

＊餐廳保有最終解釋之權

使用期限：2021 年 7 月 31 日

田園海鮮餐廳 （p.25）

憑券消費即可享有丁香花生、小份青菜 1 份

使用期限：2021 年 7 月 31 日

徐淮人家 （p.26）

憑券消費滿 1000 元，即可享有指定菜餚 1 份

使用期限：2021 年 7 月 31 日

麓鳩 Aruchuu （p.28）

憑券消費即可享有 40 元點心 1 份

＊限內用

使用期限：2021 年 7 月 31 日

小南亭 （p.38）

憑券消費即可享有 600ml 台啤買 2 送 1

＊限內用（不與其他優惠合併使用）

使用期限：2021 年 7 月 31 日　　禁止酒駕　酒後不開車，安全有保障

Super 346 啤酒文創館

- 📍 台北市中山區松江路 25 巷 40 號
- 📞 02-2517-5777
- 🕐 周二、三、日：16:30 ～ 22:00
  周四～六：16:30 ～ 23:00
- 休 周一休

田園海鮮餐廳

- 📍 台北市中山區八德路二段 174 巷 5 號
- 📞 02-2781-5137
- 🕐 11:30 ～ 14:00
  17:30 ～ 22:00

徐淮人家

- 📍 台北市中山區遼寧街 45 巷 2 號
- 📞 02-2751-4325
- 🕐 11:00 ～ 14:00
  17:00 ～ 22:00

麓鳩 Aruchuu

- 📍 台北市松山區光復南路 32 巷 18 號
- 📞 02-2577-3218
- 🕐 13:00 ～ 23:00

小南亭

- 📍 桃園市龜山區復興三路 27 號
- 📞 03-396-1858
- 🕐 11:00 ～ 14:00
  17:30 ～ 21:00

蒸翻天海鮮蒸氣火鍋餐廳 (p.39)

憑券消費即可享有海鮮盤一盤（牛奶貝或花枝排）
＊依現場食材更替

使用期限：2021 年 7 月 31 日

肥媽茶餐廳 (p.40)

憑券消費即可享有 95 折優惠
＊限內用

使用期限：2021 年 7 月 31 日

夏綠蒂雪花冰 (p.53)

憑券凡消費即可享有 9 折優惠

使用期限：2021 年 7 月 31 日

樂陶食店 (p.54)

憑券凡消費即可享有 95 折優惠
＊限平日使用

使用期限：2021 年 7 月 31 日

八卦窯餐廳 (p.66)

憑券消費即可享有 9 折優惠
＊不含辦桌菜

使用期限：2021 年 7 月 31 日

蒸翻天海鮮蒸氣火鍋餐廳

- 📍 新北市林口區仁愛路二段 155 號
- 📞 02-2601-1151
- 🕐 11:00 ～ 14:00
  17:00 ～ 22:00

吃喝玩樂
在台酒

肥媽茶餐廳

- 📍 桃園市文化三路一段 621 之 1 號
- 📞 02-2608-2710
- 🕐 11:30 ～ 14:00
  17:00 ～ 20:00

吃喝玩樂
在台酒

夏綠蒂雪花冰

- 📍 苗栗縣竹南鎮公園路 116 號
- 📞 03-761-1068
- 🕐 11:00 ～ 22:00

吃喝玩樂
在台酒

樂陶食店

- 📍 苗栗縣竹南鎮新生路 39 號
- 📞 03-748-1022
- 🕐 11:30 ～ 14:00
  17:00 ～ 20:00
- 休 周一休

吃喝玩樂
在台酒

八卦窯餐廳

- 📍 台中市南屯區五權西路三段 539 號
- 📞 04-2359-4726
- 🕐 11:00 ～ 14:00
  17:00 ～ 21:00
- 休 周一休

吃喝玩樂
在台酒

豆子燒肉便當事務所 (p.67)

憑券任選 1 份便當加點 1 杯飲料即折扣 10 元

使用期限：2021 年 7 月 31 日

樂丘廚房 (p.67)

憑券單點套餐即可享有 9 折優惠
＊限平日使用

使用期限：2021 年 7 月 31 日

橫山銘製三明治專賣店 (p.68)

憑券凡消費即可享有 100 元內飲品 1 杯
＊松竹店可使用

使用期限：2021 年 7 月 31 日

禎祥冰果店 (p.80)

憑券消費冰品可額外指定 2 樣配料
＊水果除外

使用期限：2021 年 7 月 31 日

小日和咖啡 (p.81)

憑券凡消費即可享有脆薯 1 份

使用期限：2021 年 7 月 31 日

豆子燒肉便當事務所

📍 台中市龍井區新興路 27 巷 16 號
📞 04-2631-2025
🕐 11:00 ～ 13:30
　　16:30 ～ 19:30
休 周日休

樂丘廚房（東海店）

📍 台中市龍井區台灣大道五段 3 巷 62 弄 13 號
📞 04-2652-8300
🕐 11:00 ～ 21:00

橫山明治三明治專賣店

📍 台中市西屯區西屯路三段 281 巷 8 號
📞 04-2462-8690
🕐 10:00 ～ 18:30
休 周三休

禎祥冰果店

📍 台中市南屯區黎明路一段 147 號
📞 04-2479-2230
🕐 10:30 ～ 21:30

小日和咖啡

📍 台中市烏日區長春街 537 號
📞 04-2338-7667
🕐 9:00 ～ 18:00

盛橋刈包 (p.82)

憑券凡消費即可享有 60 元飲品

＊以現場口味為主

使用期限：2020 年 12 月 31 日

光明市場希谷早餐 (p.94)

憑券消費即可享有豆漿 1 杯

使用期限：2021 年 7 月 31 日

好好雞蛋糕 (p.95)

憑券購買雞蛋糕 10 個即贈卡士達雞蛋糕 1 個

使用期限：2021 年 7 月 31 日

日晨咖啡烘焙 (p.97)

憑券選購任一精品咖啡豆即可享有 9 折優惠

使用期限：2021 年 7 月 31 日

鳥居喫茶食堂 (p.109)

憑券消費正餐即可享有 9 折優惠
商品區消費滿 500 折 50 元

使用期限：2021 年 7 月 31 日

盛橋刈包

- 台中市中區中山路 26 號 1 樓
- 0903-402-778
- 10:30 ～ 21:30
- 周一休

光明市場希谷早餐

- 南投縣南投市光明一路 60 號
- 0935-385-252
- 6:00 ～ 11:00
- 周一、二休息

好好雞蛋糕

- 南投高商正門左斜對面
- 0923-337-119
- 14:00 ～ 18:00 售完即收攤

日晨咖啡烘焙

- 南投縣南投市彰南路二段 102 號
- 049-224-4037
- 平日 9:00 ～ 18:00
  假日 10:00 ～ 20:00
- 周二休

鳥居喫茶食堂

- 南投縣埔里鎮公誠路 86 號
- 049-299-1882
- 11:30 ～ 17:00（周一、三）
  11:30 ～ 20:00（周二、四、六、日）

家味香客家廚房 （p.109）

憑券消費滿千元即可享有精緻小菜 1 份

使用期限：2021 年 7 月 31 日

肆盒院 （p.110）

憑券點炸雞咖哩飯可享每日濃湯乙份

使用期限：2021 年 7 月 31 日

幸福山丘 （p.125）

憑券消費飲品即可享有 9 折優惠

使用期限：2021 年 7 月 31 日

築夢園 （p.136）

憑券消費滿 100 元折 10 元
＊限麵包

使用期限：2021 年 7 月 31 日

那個年代杏仁豆腐冰（善化店） （p.137）

憑券任一單品即可享用 5 元折扣
＊不與其他優惠活動並用　　＊限善化店使用

使用期限：2021 年 7 月 31 日

家味香客家廚房

吃喝玩樂
在台酒

- 📍 南投縣埔里鎮中山路一段 237-8 號
- 📞 049-298-4268
- 🕐 11:00 ～ 15:00
  17:00 ～ 21:00

肆盒院

吃喝玩樂
在台酒

- 📍 南投縣埔里鎮育英街 141 巷 -1 號
- 📞 049-242-2279
- 🕐 11:00 ～ 20:30
- 休 周二休

幸福山丘

吃喝玩樂
在台酒

- 📍 嘉義市東區東義路 566 巷 52-1 號
- 📞 05-276-5080
- 🕐 10:00 ～ 18:00
- 休 周一、二休

築夢園

吃喝玩樂
在台酒

- 📍 台南市善化區成功路 2 號
- 📞 06-585-2377
- 🕐 9:00 ～ 20:00
- 休 周二休

那個年代杏仁豆腐冰（善化店）

吃喝玩樂
在台酒

- 📍 台南市善化區中山路 45-1 號
- 📞 06-585-6228
- 🕐 13:00 ～ 21:00（平日）
  12:00 ～ 21:00（假日）

優惠券

振昌豆花城 （p.151）

憑券凡消費即可享有 5 元折扣

使用期限：2021 年 7 月 31 日

優惠券

蝦公粄 （p.164）

憑券蝦公粄買 10 送 1

使用期限：2021 年 7 月 31 日

優惠券

太合家日式煎餃 （p.166）

憑券原味豚煎餃（8 顆）升級為 10 顆

使用期限：2021 年 7 月 31 日

優惠券

東港福包園手工包子饅頭 （p.168）

憑券消費滿 100 元即可享有 95 折優惠

使用期限：2021 年 7 月 31 日

優惠券

散步咖啡 （p.181）

憑券消費飲品即可享有 8 折優惠
＊限內用

使用期限：2021 年 7 月 31 日

振昌豆花城

- 📍 台南市官田區中山路一段 42 號
- 📞 06-579-1081
- 🕐 8:30 ～ 22:00

蝦公粄

- 📍 屏東縣內埔鄉廣濟路 171 號
- 📞 0935-960-543
- 🕐 13:30 ～ 18:30

太合家日式煎餃

- 📍 屏東縣潮州鎮中山路 60 號
- 📞 08-788-7797
- 🕐 16:00 ～ 21:00
- 休 周一休

東港福包園手工包子饅頭

- 📍 屏東縣東港鎮中山路 2-195 號
- 📞 08-831-1578
- 🕐 9:00 ～ 20:00
- 休 周日休

散步咖啡

- 📍 宜蘭縣宜蘭市和睦路 2-20 號
- 📞 03-932-9828
- 🕐 13:00 ～ 19:00
- 休 周三休

優惠券

老豫仔招牌牛肉麵 (p.181)

憑券消費即可享有小菜 1 盤

使用期限：2021 年 7 月 31 日

慕名私房料理 (p.192)

憑券凡消費即可享有 95 折優惠

使用期限：2021 年 7 月 31 日

獵人廚房 (p.193)

憑券凡消費即可享有 9 折優惠

使用期限：2021 年 7 月 31 日

邊境法式甜點 (p.195)

憑券消費滿 300 元即可折扣 30 元

使用期限：2021 年 7 月 31 日

耕壽司 (p.196)

憑券消費即可享有炙燒鮭魚握壽司 2 貫

使用期限：2021 年 7 月 31 日

老豫仔招牌牛肉麵

- 📍 宜蘭縣宜蘭市復興路一段 48 號
- 📞 03-936-9259
- 🕐 11:00 ～ 20:30
- 休 周三休

吃喝玩樂
在台酒

慕名私房料理

- 📍 花蓮縣新城鄉明潭街 10 巷 23 號
- 📞 03-823-9336
- 🕐 11:00 ～ 12:30
  13:00 ～ 14:30
  17:30 ～ 19:00
  19:30 ～ 21:00

吃喝玩樂
在台酒

獵人廚房

- 📍 花蓮縣花蓮市東興二街 13 巷 3 號
- 📞 0916-282-350
- 🕐 10:00 ～ 17:00（周一～四）
  10:00 ～ 20:30（周五、六）
  12:00 ～ 20:30（周日）
- 休 （休假日詳獵人廚房粉絲專頁）

吃喝玩樂
在台酒

邊境法式甜點

- 📍 花蓮縣花蓮市明智街 73 號
- 📞 03-831-5800
- 🕐 11:00 ～ 19:00
- 休 周三休

吃喝玩樂
在台酒

耕壽司

- 📍 花蓮縣花蓮市節約街 16-1 號
- 📞 03-832-1663
- 🕐 12:00 ～ 22:00

吃喝玩樂
在台酒